KOMPAKT-WISSEN GESCHICHTE

Ulrich Winkler

Geschichte Oberstufe

Von der Französischen Revolution bis heute

W0343923

STARK

© 2016 by Stark Verlagsgesellschaft mbH & Co. KG
www.stark-verlag.de
1. Auflage 2004

Das Werk und alle seine Bestandteile sind urheberrechtlich geschützt.
Jede vollständige oder teilweise Vervielfältigung, Verbreitung und
Veröffentlichung bedarf der ausdrücklichen Genehmigung des Verlages.

Inhalt

A Inhaltsfeld 4

Inhaltsfeld 6

Deutschland und die Welt nach 1945 101

Autor: Ulrich Winkler

Vorwort

Liebe Schülerinnen und Schüler,

dieser Band aus der Reihe „Kompakt-Wissen“ bietet einen Überblick über alle wichtigen Fakten und Zusammenhänge der historischen Entwicklung Deutschlands, Europas und der Welt vom Zeitalter der Revolutionen bis zur Gegenwart. Das Buch ist konsequent auf die Inhalte der gymnasialen Oberstufe ausgerichtet, damit Sie sich schnell und effektiv auf alle Prüfungen vorbereiten können.

- Alle prüfungsrelevanten Unterrichtsinhalte sind fast immer auf zwei Seiten verständlich erklärt, um ein Höchstmaß an Übersichtlichkeit und schneller Orientierung zu gewährleisten.
- Die Kapitel sind in gut lernbare Abschnitte gegliedert, wobei zentrale Begriffe oder Definitionen farblich hervorgehoben sind, damit Sie das Allerwichtigste auf einen Blick wiederholen können.
- Zudem werden wichtige Inhalte durch zusammenfassende Schaubilder ergänzt und die räumliche Ein- und Zuordnung der Fakten und Entwicklungen durch Karten erleichtert.
- Vor allem die durchgehende Zeitleiste bietet eine übersichtliche Einordnung der Inhalte in ihren zeitlich-historischen Zusammenhang und erleichtert Wiederholungen und Zusammenfassungen.

Die klare Struktur, die Grafiken, Karten und Zeitleisten machen das Buch zur idealen Hilfe bei der schnellen Klärung von Begriffen, der zielorientierten Wiederholung der Unterrichtsinhalte und der effektiven Vorbereitung auf Klausuren und das Abitur.

Ich wünsche Ihnen viel Spaß bei der Arbeit mit dem Buch und vor allem viel Erfolg bei der Anwendung Ihrer Kenntnisse und Ihres Könnens!

Ulrich Winkler

Das Zeitalter der Nationalstaaten

Mit der **Französischen Revolution** begann eine Epoche, in der die absolutistischen Monarchen dem nach sozialer und politischer Emanzipation strebenden Bürgertum die Teilhabe an den Entscheidungsprozessen in Staat und Gesellschaft nicht mehr verweigern konnten. Wichtige Antriebskräfte dieser Entwicklung waren die Aufklärung und die politische Theorie des Liberalismus. Nicht die friedliche Weitergabe der revolutionären Ideen, sondern die Eroberungskriege Napoleons veränderten das Staatengefüge Europas und führten zur Entstehung nationaler Bewegungen, die die Heilige Allianz nach dem Sieg über Frankreich zu unterdrücken versuchte.

Wirtschaftskrisen und die Verarmung breiter Bevölkerungsschichten in der beginnenden **Industriellen Revolution** schufen einen sozialen Konfliktstoff, der sich in Kontinentaleuropa mit dem aufkeimenden Widerstand gegen den Überwachungsstaat des „Systems Metternich" verband. In der **Revolution von 1848** entluden sich diese Spannungen. Die Umformung der staatlich-gesellschaftlichen Ordnung, die rechtliche Absicherung von liberalen und nationalen Ideen scheiterte aber, da das Bürgertum sich aus Furcht vor Radikalisierung mit den reaktionären Kräften arrangierte und deren Ordnungskräften die gewaltsame Niederschlagung von Revolution und Freiheitskampf ermöglichte. So folgte die Einigung Deutschlands dem konservativen Staatsverständnis Bismarcks, der zielstrebig den seit dem Wiener Kongress bestehenden preußisch-österreichischen Dualismus zugunsten Preußens beendete. Mit der **Gründung des Deutschen Reichs** entstand ein Staat, in dem die Industrialisierung bereits eingesetzt und zu umwälzenden gesellschaftlichen Veränderungen geführt hatte. Die Ausbeutung der menschlichen Arbeitskraft und die Verelendung der Arbeiter zeigten, dass trotz des wirtschaftlichen Fortschritts die Soziale Frage weiterhin zu den ungelösten Problemen gehörte.

1789–1815	1815–1850	1850–1871
Napoleonische Zeit	*Restauration und Revolution*	*Reaktion und Reichsgründung*

1 Das Zeitalter der Revolutionen und die Bildung der Nationalstaaten

1.1 Die amerikanische Revolution und die Gründung der Vereinigten Staaten von Amerika

Seit dem frühen 17. Jahrhundert war der amerikanische Kontinent Ziel von Auswanderern. Neben wirtschaftlichen waren es vor allem religiöse und gesellschaftspolitische Motive, die zur Gründung der 13 Kolonien von Neu-England geführt hatten. Mitte des 18. Jahrhunderts traten zunehmend Spannungen mit dem Mutterland England auf, die letztlich aus englischen Untertanen „Amerikaner" machten.

Die amerikanische Revolution
Die britische Regierung wollte die Kosten des Siebenjährigen Krieges, in Amerika als French and Indian War ausgetragen, und der Stationierung einer Schutztruppe für die Kolonisten durch Steuern aus den Kolonien decken. Zugleich schloss sie das Gebiet jenseits der Appalachen von der Besiedlung durch Weiße aus, um die Indianerfrage friedlich zu regeln. Die Kolonisten reagierten mit Importboykott und forderten, dass die Steuergesetzgebung nur durch eine repräsentative Versammlung der Kolonien zu regeln sei („No taxation without representation").

Nach der Vernichtung einer Schiffsladung Tee im Bostoner Hafen (**Boston Tea Party**, 1773) und der Einberufung eines Kontinentalkongresses (1774/75) proklamierte der englische König Georg III. die offene Kolonialrebellion. Mit der Annahme der **Unabhängigkeitserklärung** der Vereinigten Staaten von Amerika (4. 7. 1776) brach der Krieg offen aus. Von amerikanischer Seite wurde er durch George Washington organisiert. Obwohl die englischen Truppen zahlenmäßig überlegen waren, führten englische Planungsdefizite, militärische Inkompetenz und Versorgungsprobleme zum Sieg der von Frankreich unterstützten Milizarmee der Konföderation (Yorktown, 19. 10. 1781). Im **Frieden von Paris** (1783) musste England die Souveränität der Vereinigten Staaten (USA) anerkennen.

Zur Rechtfertigung der Rebellion formulierte Thomas Jefferson in der Unabhängigkeitserklärung „selbstverständliche Wahrheiten": Jede Regierung habe die Pflicht, die naturrechtlich begründete Gleichheit und

1773	1775–1783	1776	Juli 1776
„Boston Tea Party"	*Unabhängigkeitskrieg*	*„Virginia Bill of Rights"*	*Unabhängigkeitserklärung*

Freiheit der Menschen zu schützen; sei sie dazu nicht bereit, könne sie abgeschafft und durch eine neue ersetzt werden. „Jeder habe das Recht auf Glücklichsein". Diese „Wahrheit" schloss allerdings Sklaven (1/6 der Bevölkerung), Indianer und Frauen aus.

Die Verfassung der Vereinigten Staaten

Die „Artikel der Konföderation" vom 4. 3. 1789 waren ein Kompromiss zwischen einzel- und bundesstaatlichen Interessen. Sie sehen eine Gewaltenteilung gemäß der zeitgenössischen Aufklärungsphilosophie (Montesquieu) vor. Die Aufgaben von Legislative, Exekutive und Jurisdiktion und ihre Verteilung zwischen Bund und Einzelstaaten sind in einem System von **„Checks and Balances"** (Kontrollen und Gegengewichte) verschränkt.

Der **Präsident** ist Inhaber der Exekutive, Oberbefehlshaber und völkerrechtlicher Repräsentant des Staates zugleich. Er ernennt die **Bundesrichter** und kann mit einem aufschiebenden Veto in den Gesetzgebungsprozess eingreifen. Erster US-Präsident wurde 1789 George Washington.

Der Senat (zwei Senatoren je Bundesstaat) und das Abgeordnetenhaus (Mitglieder entsprechend der Bevölkerungszahl) bilden die Legislative **(Kongress)**. Bundesrichter und Kongress kontrollieren den Präsidenten (Gesetze, Recht auf Amtsenthebung).

Die Beteiligung der Bevölkerung am Gesetzgebungsprozess greift John Lockes Idee der **repräsentativen Demokratie** auf (Kongresswahlen). Mehrheitsbeschlüsse der Legislative binden zugleich auch die Minderheit. Locke ist damit Vordenker der modernen Demokratie westlicher Prägung. Jean-Jacques Rousseaus Ansicht vom unteilbaren und unveräußerlichen Volkswillen, der nur in einer **direkten Demokratie** umsetzbar sei, entspricht die Wahl des Präsidenten durch vom Volk bestimmte Wahlmänner.

Bereits die **„Virginia Bill of Rights"** von 1776 enthielt einen Grundrechtskatalog, der in die ersten zehn Amendments (Ergänzungen) der amerikanischen Verfassung aufgenommen wurde. Neben den Freiheitsgedanken trat der Gleichheitsgedanke. Die Aufnahme von Elementen der Identitäts- (direkte Demokratie) und der Konkurrenztheorie (repräsentative Demokratie) sowie der Grundrechte in das föderative Prinzip der USA entspricht dem spezifisch amerikanischen Misstrauen gegenüber Machtmissbrauch und einem übermächtigen Staat.

1783
Friede von Paris

März 1789
Verfassung der USA

April 1789
Washington
1. US-Präsident

1.2 Die Französische Revolution und die napoleonische Zeit

Die Französische Revolution

Die Ereignisse von 1789 bis 1793 in Frankreich zeigen alle Merkmale einer grundlegenden politischen und gesellschaftlichen Umgestaltung, die den Begriff Revolution rechtfertigen:

- Einberufung der Generalstände (5. 5. 1789) zur Abwendung des Staatsbankrotts;
- Vertreter des dritten Standes erklären sich zur **Nationalversammlung**;
- Erstürmung der Bastille (14. 7. 1789), Volksaufstände im ganzen Land;
- **Aufhebung der Privilegien** der ersten beiden Stände;
- Erklärung der **Menschen- und Bürgerrechte** (26. 8. 1789);
- Abschaffung der Monarchie, **Frankreich wird Republik** (1792);
- Hinrichtung des Königs (21. 1. 1793);
- Schreckensherrschaft der Jakobiner (1793/94);
- **Staatsstreich Napoleons** (1799) beendet die Revolution.

Die Forderung nach Reformen und politischer Gleichberechtigung des **dritten Standes**, soziale und wirtschaftliche Probleme entzündeten 1789 eine städtische Volksrevolution (Sturm auf die Bastille). Auf dem Land erhoben sich die Bauern gegen die Privilegien der Grundherren und stürmten Schlösser und Klöster. Mit den **„Augustbeschlüssen"** wurden die Ideen von Freiheit, Gleichheit, Glück, Souveränität und Repräsentation Wirklichkeit und die ständische Gesellschaftsordnung abgeschafft. Bereits im Ancien régime begonnene Verwaltungs-, Justiz-, Finanz- und Steuerreformen modernisierten Frankreich. Nach der gescheiterten Flucht des Königs (1792) wurde die Stimmung in Paris radikaler. Man befürchtete eine militärische Unterstützung Österreichs und Preußens für die französischen Emigranten. Der **Nationalkonvent** rief die Republik aus.

Für Bauernaufstände und die Intervention des Auslandes machten Jakobiner und Sansculotten (Radikale) die Girondisten (Gemäßigte) verantwortlich. Sie übernahmen mit einem Wohlfahrtsausschuss unter der Führung Robespierres 1793 die staatliche Kontrolle und etablierten eine **Schreckensherrschaft**, bei der die vermeintlichen Gegner der Revolution durch die Guillotine hingerichtet wurden. 1794 erfasste der Terror

Juli 1789	*August 1789*	*1792*	*1799*
Sturm auf die Bastilie	*Menschen- und Bürgerrechte*	*Frankreich: Republik*	*Staatsstreich Napoleons*

auch die Ultraradikalen; Robespierre wurde von seinen politischen Gegnern ohne Prozess hingerichtet.

Die neue Regierung, das **Direktorium** (1795), stützte sich aus Furcht vor einer rechten Mehrheit im Parlament auf das Militär. General **Napoleon Bonaparte** stürzte 1799 das Direktorium, regierte als Erster Konsul und erklärte die Revolution als „amtlich beendet".

Eine gesamteuropäische Wirkung entfaltete die Französische Revolution mit Beginn der Revolutionskriege. Gegen die europäische Koalition mobilisierte Frankreich erfolgreich ein Massenaufgebot („Levée en masse"), das – anders als die Söldnerheere der Alliierten – aus Überzeugung für die Ideen der Revolution und mit nationaler Leidenschaft kämpfte und die österreichischen Niederlande und linksrheinische Reichsgebiete besetzte.

Napoleon führte den **Befreiungskrieg** zunächst im Namen der Revolution (Freiheit, Gleichheit, Brüderlichkeit) fort. Trotz seiner Erfolge in Italien, Deutschland und den Niederlanden gelang es ihm nicht, eine nachhaltig wirksame europäische Ordnung zu etablieren. Auch die Expedition nach Ägypten (1798/99) verfehlte ihr Ziel, die Mittelmeerstellung der Engländer zu schwächen. Seine Feldzüge dienten nur noch der Festigung der französischen Vormachtstellung in Europa und seinem persönlichen Aufstieg (Erster Konsul 18. 11. 1799, Kaiserkrönung 2. 12. 1804). Die eroberten Territorien sicherte er durch Familienangehörige ab (Niederlande, Westfalen, Spanien). Er verhängte über den Handel mit England die so genannte **Kontinentalsperre,** die eine hermetische Abschließung aller Küsten vorsah, konnte damit aber weder die englische Seemacht schwächen noch Frankreichs Wirtschaft stärken.

Die territoriale Neuordnung Deutschlands durch Napoleon

Die Abtretung linksrheinischer Reichsgebiete in den Friedensschlüssen von Campoformio (1797) und Lunéville (1801) an Frankreich machte eine territoriale Neuordnung des Reichsgebiets notwendig, die zur Auflösung des Heiligen Römischen Reiches deutscher Nation führte:

- **Reichsdeputationshauptschluss** (1803): Aufhebung von Hoheits- und Eigentumsrechten der geistlichen Fürstentümer (Säkularisation), Unterstellung kleiner weltlicher Reichsstände und -städte unter die Landesherren (Mediatisierung); dadurch Stärkung der süddeutschen Staaten und Preußens zulasten der reichsunmittelbaren Territorien.

1803 *Reichsdeputationshauptschluss*
1806 *Rheinbund*
1806/07 *preußische Niederlage bei Jena-Auerstedt*

- **Frieden von Pressburg** (1805): Österreich tritt Tirol, Vorarlberg und Teile Vorderösterreichs an Bayern, Baden und Württemberg ab.
- **Rheinbund** (1806): Abschluss der Mediatisierungen, Beseitigung der deutschen Zersplitterung. 16 süd- und westdeutsche Reichsstände sagen sich vom Reich los und erklären ihre Souveränität unter französischem Protektorat, Abschluss eines Militärbündnisses mit Frankreich.
- Auflösung des Heiligen Römischen Reiches (1806) durch Franz II.
- **Friede von Tilsit** (1807): Preußen verliert nach der Niederlage gegen Frankreich alle Gebiete westlich der Elbe (Königreich Westfalen) und die Gewinne aus den polnischen Teilungen bis auf Westpreußen.

Gesellschaftliche und politische Folgen für Deutschland

Anders als Frankreich war Deutschland wesentlich vom aufgeklärten Absolutismus geprägt. Preußen und Österreich galten als fortschrittliche Reformstaaten. Die sozialen Unterschiede waren geringer, das Bürgertum längst nicht so selbstbewusst. Vor allem anfangs gab es unter den führenden Personen des Geisteslebens große Sympathien für die Ideen von 1789, aber die Radikalisierung der Revolution wirkte abschreckend.

Stärker wirkten die **Ideen** der Französischen Revolution und die Maßnahmen Napoleons auf die deutsche Entwicklung. In den Rheinbundstaaten, vor allem in Bayern, wurden ständische, regionale und **feudale Sonderrechte abgeschafft, die Verwaltung zentralistisch ausgerichtet** und Verfassungs-, Wirtschafts- und Finanzreformen durchgeführt. Der **Code Civil**, das französische Zivilgesetzbuch, erlangte großen Einfluss auf das Rechtswesen. Die gesellschaftlich-politische Umgestaltung in Deutschland erfolgte durch die Obrigkeit – in den Rheinbundstaaten nach französischem Vorbild, in Preußen als Reorganisation des Staates für den Kampf gegen Napoleon.

Die territorialen Veränderungen **beseitigten die Zersplitterung Deutschlands.** Die Niederlagen gegen Frankreich hatten auch den Weg bereitet für eine geistige Erneuerung, für den Willen zu Selbstständigkeit und Nationalbewusstsein. In Deutschland konnte sich nun der Gedanke des modernen Nationalstaats entwickeln.

Die preußischen Reformen

Der preußische Staat hatte 1806 eine vernichtende Niederlage erlitten und war nur durch Russlands Intervention der völligen Auflösung ent-

1806 – *Auflösung des Heiligen Römischen Reiches*
1807 – *Bauernbefreiung*
1807–1812 – *Preußische Reformen*

gangen. Die Beseitigung der Fremdherrschaft und Wiederaufrichtung des Landes erforderte eine **grundlegende Erneuerung des Staates**. Kerngedanke der Reformpolitik Freiherr vom Steins und Fürst Hardenbergs, erstmals formuliert in der Nassauer Denkschrift (1807), war die Einbeziehung der Gesamtheit gleichberechtigter, Steuern zahlender Bürger in die Staatsverantwortung:

- **Aufhebung der Gutsuntertänigkeit der Bauern** (1807): Beseitigung der persönlichen Unfreiheit und damit verbundener Lasten. Von den Bauern bearbeitetes Land ging gegen Entschädigung in ihr Eigentum über. Gutsherrliche Gerichtsbarkeit und Flurzwang wurden aufgehoben. Die meisten Bauern konnten die Entschädigung nur mit einem Teil ihres Hoflandes bezahlen. Folge war die Vermehrung von Großgrundbesitz und die Entstehung einer Schicht besitzloser Landarbeiter.
- **Erneuerung der Staatsverwaltung** (1808): Einführung von verantwortlichen Ministern für die Ressorts Inneres, Finanzen, Auswärtiges, Krieg und Justiz. Den Vorsitz des Rates hatte der Staatskanzler. Damit war die Kabinettsregierung alter Prägung, die keine Verantwortlichkeiten kannte, abgeschafft.
- **Städteordnung** (1808): Einführung der kommunalen Selbstverwaltung. Verwaltung und Stadtrecht wurden durch die Stadtverordnetenversammlung ausgeübt. Der von ihr gewählte Magistrat stand an der Spitze der Stadtverwaltung und verfügte über die Finanzen.
- **Aufhebung der Zunftordnungen und Gewerbefreiheit** (1810/11): Die freie Berufswahl trug wesentlich zur Weiterentwicklung der Gewerbe und zur Mobilität der Bevölkerung bei. Sie war eine entscheidende Voraussetzung für die spätere Industrialisierung.
- **Heeresreform**: Ziel der Maßnahmen Gneisenaus, Scharnhorsts und Boyens war ein „Volk in Waffen". Dazu wurde neben dem stehenden Heer die Landwehr, eine Reservemiliz, geschaffen und 1813/14 die allgemeine Wehrpflicht eingeführt. Militärstrafen wurden abgemildert, das Adelsprivileg für die Offiziere abgeschafft.
- **Judenemanzipation** (1812): Rechtliche Gleichstellung der Juden.
- **Bildungsreform** (1810/12): Gründung der Berliner Universität mit Freiheit von Lehre und Forschung durch v. Humboldt; Verstaatlichung des Bildungswesens mit allgemeiner Schulpflicht.

1808 – *Städteordnung*
1810/11 – *Gewerbefreiheit*
1812 – *Judenemanzipation*

Die Freiheitskriege

Auf dem Höhepunkt seiner Macht beherrschte Napoleon fast ganz Europa. Nur **England** leistete trotz Kontinentalsperre erfolgreich Widerstand (Seeschlacht von Trafalgar, 1805). Die Praxis der französischen Besatzungspolitik mit Unterdrückung und Zwangsrekrutierungen führte zur Bildung von **Befreiungsbewegungen** in den besetzten Ländern.

Das „Zeitalter der Erhebung der Völker" begann mit dem spanischen Unabhängigkeitskrieg (1808). Trotz ausgedehnter Feldzüge gelang es Napoleon nicht, die von England unterstützten Spanier zu unterwerfen. Dieser Kampf wirkte als Signal auf die deutsche Freiheitsbewegung, die gleichzeitig in Österreich, Tirol und Norddeutschland begann (1809). Freiwillige bildeten **Freikorps**, die neben den regulären Truppen gegen die Fremdherrschaft und für ein einiges Deutschland kämpften.

Ohne Unterstützung durch Preußen scheiterte die Erhebung. Österreich wurde infolge der Territorialverluste zu einer zweitrangigen, von Frankreich abhängigen Macht. Der Tiroler Bauernführer Andreas Hofer wurde hingerichtet.

1812 griff Napoleon mit 600 000 Soldaten Russland an, das sich der Kontinentalsperre gegen England verweigerte. Der Rückzug der russischen Armee, der eine frühe Entscheidungsschlacht verhinderte, die Taktik der „verbrannten Erde" und das Ausbleiben eines Friedensangebots zwangen ihn im Winter zum Rückzug. Dieser wurde durch den Wintereinbruch und durch immer neue russische Attacken auf die völlig erschöpften Soldaten erschwert. Nur knapp 10 % der einst stolzen Grande Armée überlebten den Feldzug. Mit der preußisch-russischen **Konvention von Tauroggen** (1812), der der Aufruf des preußischen Königs „An mein Volk" folgte, formierte sich die Koalition gegen Napoleon, der nach Schweden auch Österreich und Bayern beitraten. Unterstützt durch Freiwillige gingen die Alliierten zum Angriff auf Napoleon über. Nach seiner Niederlage in der **Völkerschlacht bei Leipzig** (1813), dem Einmarsch seiner Gegner in Frankreich und der **Einnahme von Paris** (1814) musste Napoleon abdanken. 1815 kehrte er aus der Verbannung von der Insel **Elba** zurück, was den französischen König Ludwig XVIII. zur Flucht ins Ausland veranlasste. Mit der Erneuerung des alliierten Bündnisses wurde Napoleons Herrschaft nach der Niederlage gegen England und Preußen bei **Waterloo** endgültig beendet und Napoleon wurde nach **St. Helena** verbannt, wo er 1821 starb.

1812	1813	1815
Russlandfeldzug	*Völkerschlacht bei Leipzig*	*Schlacht bei Waterloo*

2 Restauration und Revolution 1814–1849

2.1 Der Wiener Kongress

Auf dem Wiener Kongress (1815) wurde die politische Neuordnung Europas unter der Federführung der fünf Großmächte (Pentarchie) geregelt. Ihre Leitgedanken waren:

- **Restauration:** Wiederherstellung der vorrevolutionären Ordnung;
- **Legitimität:** Herrschaftsbefugnis aus überliefertem Recht und Gottesgnadentum;
- **Solidarität:** gemeinsamer Kampf gegen revolutionäre Umtriebe;
- **Kräftegleichgewicht:** Herstellung eines Mächtegleichgewichts.

Der österreichische Staatskanzler Metternich und Zar Alexander von Russland strebten trotz territorialer Differenzen gemeinsam eine konservative, antiliberale Ordnung an. Ziel der Preußen von Hardenberg und von Humboldt war ein nationales deutsches Reich. England vertrat die Position des Gleichgewichts der Mächte. Außenminister Talleyrand zielte auf eine Gleichberechtigung Frankreichs innerhalb der Pentarchie.

Territoriale Bestimmungen

Die territorialen Bestimmungen des Kongresses hatten Auswirkungen auf ganz Europa: **Russland** wurde **größte europäische Landmacht**. Es erhielt in Personalunion das Herzogtum Warschau („Kongresspolen“), der Besitz Finnlands und Bessarabiens wurde bestätigt.

Preußen war **nach Deutschland „hineingewachsen“** und direkter Nachbar Frankreichs. Es bekam Teile Sachsens, die Rheinlande, Westfalen, Schwedisch-Vorpommern, Danzig, Thorn und Posen.

Österreich wurde wiederhergestellt; gegen den Ausgleich Norditalien und Galizien trat es rheinische und niederländische Besitzungen ab. Es war **aus Deutschland „herausgewachsen“** und entwickelte sich zu einem Vielvölkerstaat.

Frankreich wurde in den Grenzen von 1792 bestätigt; England erhielt Helgoland, Ceylon, Malakka und die Kapkolonie. Schweden wurde durch Personalunion mit Norwegen verbunden und die im Süden erweiterte Schweiz bekam eine Neutralitätsgarantie. Die deutschen Mittelstaaten wurden bestätigt und arrondiert.

Hauptgewinner war **England**, dessen unangefochtene Stellung als Seemacht gestärkt wurde. Mit der Bildung des Vereinigten Königreichs der Niederlande und Belgien hatte es französischen und deutschen Gebietsansprüchen eine Grenze gesetzt, mit der Personalunion im Königreich Hannover behielt es Einfluss auf die Entwicklung in Deutschland. Ziel der englischen Politik war es künftig, das russische Machtgebiet zu begrenzen.

Die Heilige Allianz

Der **russische Zar**, **der preußische König und der österreichische Kaiser** vereinbarten im Anschluss an den Wiener Kongress einen Beistandspakt, die Heilige Allianz (26. 9. 1815). In ihr wurden die christlichen Gebote zur Richtschnur der Politik erhoben. Sie sah ein Interventionsrecht bei revolutionären Bedrohungen vor, wollte also die Grundsätze der Französischen Revolution – nationale Einheit und politische Freiheit – zurückdrängen und die Fürstenherrschaft stabilisieren. Alle europäischen Mächte mit Ausnahme Englands, der Türkei und des Kirchenstaates traten dieser ersten europäischen Friedensorganisation bei, die aber an den machtpolitischen Differenzen der Großmächte zerbrach.

Der Deutsche Bund

Die Hoffnung vieler deutscher Patrioten auf einen neuen, nationalen deutschen Bundesstaat erfüllte sich auf dem Wiener Kongress nicht. Auch das Heilige Römische Reich wurde nicht wiederhergestellt. Stattdessen wurde mit der Unterzeichnung der Bundesakte am 8. 6. 1815 der Deutsche Bund als lose Klammer von **35 Fürsten und vier Freien Städten** gegründet.

Einziges Bundesorgan laut der mit der **Wiener Schlussakte** (1820) angenommenen Verfassung war der **Bundestag**, ein ständiger Kongress in Frankfurt am Main. Mitglieder des Deutschen Bundes waren neben den deutschen Fürsten auch ausländische Herrscher, z. B. die Könige von Großbritannien (Personalunion mit Hannover) und Dänemark (Herzog von Holstein). Preußen und Österreich gehörten nur mit ihren deutschen Gebieten zum Deutschen Bund. Trotz des aufkommenden Dualismus zwischen ihnen sprachen sie sich in den zentralen Fragen ab.

Unter Metternichs Führung wurde der Deutsche Bund zum Bollwerk gegen die Ideen von Liberalismus, Demokratie und nationaler Einheit und zugleich Mittel zur Wahrung des europäischen Gleichgewichts.

Juni 1815	*September 1815*	*1820*
Deutscher Bund	*Heilige Allianz*	*Wiener Schlussakte*

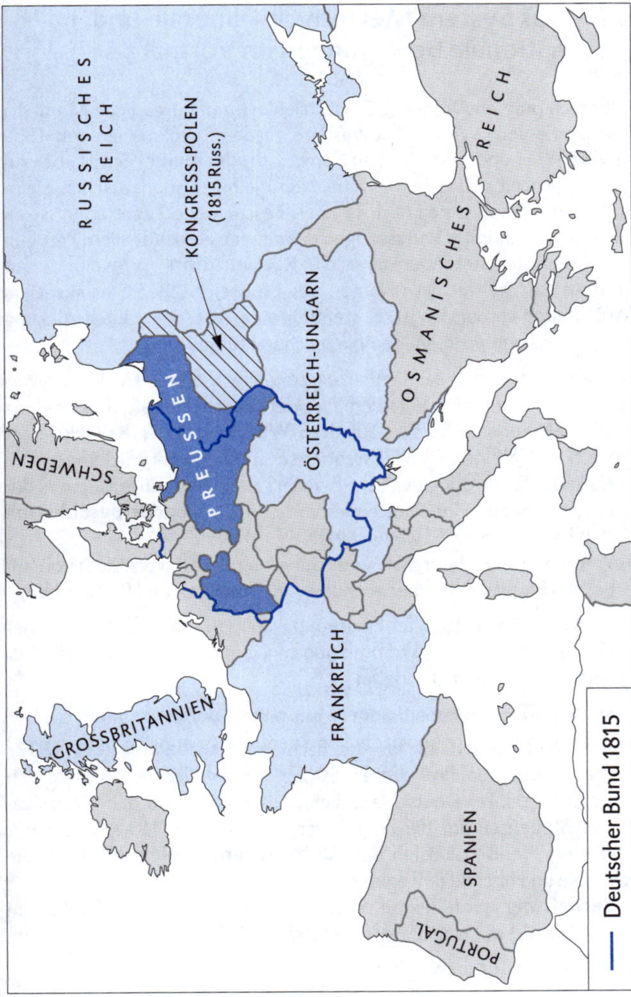

Karte
Europa nach dem Wiener Kongress

2.2 Das System Metternich – liberale und nationale Bewegungen im Vormärz

Äußerlich prägten Ordnung, Gemächlichkeit und bürgerliche Moral die Zeitspanne vom Wiener Kongress bis zu den Revolutionen von 1830 bzw. 1848/49 und gaben ihr den Namen **„Biedermeier"**. Sie ist aber zugleich eine Zeit politischer Unruhe. Nur in einigen süddeutschen Klein- und Mittelstaaten waren nach 1815 als bescheidene Zugeständnisse an die Volkssouveränität Verfassungen in Kraft getreten. Vor allem Preußen und Österreich betrieben aber die **Restauration** vorrevolutionärer Verhältnisse, die mit dem Namen des österreichischen Staatskanzlers **Metternich** verbunden ist. Er steht für eine Politik der Unterdrückung aller nationalen und liberaldemokratischen Kräfte.

Liberales und nationales Gedankengut war vor allem an den Universitäten verbreitet. Eine Versammlung der Burschenschaft, 1815 in Jena gegründet, entwickelte sich auf dem **Wartburgfest** (1817) zu einer Protestkundgebung gegen Fürstenherrschaft und Unterdrückung.

Nach der Ermordung des Schriftstellers Kotzebue, eines Gegners der Burschenschaften, ging Metternich mit den **Karlsbader Beschlüssen** (1819) hart gegen die Bewegung vor:

- Verbot der Burschenschaft und Säuberung der Universitäten von kritischen Professoren, Überwachung von Studenten und Professoren;
- staatliche Vorzensur aller Pressepublikationen und Einrichtung einer Zentral-Untersuchungskommission zur Überwachung demagogischer und revolutionärer Umtriebe;
- Recht zur Bundesexekution bei Missachtung der Beschlüsse.

Die Karlsbader Beschlüsse wurden nach dem **Hambacher Fest** (1832), auf dem Studenten, Professoren, Bürger, Handwerker und Arbeiter ein freies und geeintes Deutschland gefordert hatten, und dem Sturm radikaler Studenten auf die Frankfurter Hauptwache (1834) verschärft. Besonders Preußen betrieb die **„Demagogenverfolgung"** gegen die nationale und liberale Bewegung:

- **Verhaftung** prominenter Dichter (E. M. Arndt) und Publizisten (J. v. Görres) mit langjährigen Haftstrafen (F. Reuter);
- **Verbot** der Turnbewegung (L. Jahn);

1817	1819	1831
Wartburgfest	*Karlsbader Beschlüsse*	*Erhebungen in Polen*

- **Entlassung** von sieben Göttinger Professoren (darunter die Brüder Grimm) aus dem Staatsdienst wegen ihres Protestes gegen die Aufhebung der hannoverschen Verfassung (1837).

Konservatismus und Liberalismus

Im Vormärz (1815–1848) traten die politischen Ideen des Konservatismus und Liberalismus in immer schärferen Gegensatz.

Nach dem Selbstverständnis des **Konservatismus** waren die Herrschaft der Fürsten und Ständeordnung von Gott gewollt, Gleichheit und Gleichberechtigung galten als Verstoß gegen diese Ordnung.

Die stärkste politische Kraft des Bürgertums im Vormärz stellte der **Liberalismus** dar. Sein Kern war die freie Entfaltung des Individuums. Er forderte Gewaltenteilung, Rechtsstaat und Pressefreiheit sowie Abschaffung der Zunftordnungen und Zollschranken.

Die liberale Bewegung spaltete sich. Der gemäßigte Flügel (vor allem Unternehmer) forderte politische Teilhabe bei entsprechender Bildung oder Besitz, lehnte die Revolution ab und wollte Reformen durch einen Kompromiss mit den Fürsten erzielen. Der radikale Teil (vor allem Intellektuelle) forderte die Durchsetzung der Volkssouveränität sowie soziale Gleichheit.

Der Nationalismus

Im Nationalismus nimmt der **moderne Nationalstaat** die zentrale Stellung im politischen Denken ein. Nach der Auffassung der Zeitgenossen war politische Einheit die Voraussetzung, um eine Nation zu werden und nationale Ziele zu verfolgen.

Entstanden während der Französischen Revolution, erwuchs der Nationalismus in Deutschland aus den Niederlagen gegen die revolutionären Freiwilligenarmeen Frankreichs und den Erfahrungen der napoleonischen Fremdherrschaft. Das Gefühl, einer Nation anzugehören, erfasste fast alle Bevölkerungsschichten. Die Enttäuschung, dass auf dem Wiener Kongress kein gemeinsames deutsches Vaterland geschaffen wurde, verband sich mit der Auflehnung gegen die feudale Ständeherrschaft in den alten Fürstenstaaten. Nationale und liberale Bewegung waren daher im Vormärz nicht voneinander zu trennen. Besondere Aufmerksamkeit fanden der **griechische Freiheitskampf** gegen die Türken und die Versuche der **Polen**, sich gegen die russische Herrschaft aufzulehnen. Eine besondere Gefahr stellte der Nationalismus für den österreichischen Vielvölkerstaat dar und führte letztlich zu seinem Zusammenbruch.

1832	1834	1837
Hambacher Fest	*Sturm auf die Frankfurter Hauptwache*	*„Göttinger Sieben"*

2.3 Nationenbildung im 19. Jahrhundert

Die Unabhängigkeitserklärung der USA und die Erklärung der Menschen- und Bürgerrechte durch die französische Nationalversammlung stehen am Beginn der Entwicklung von Nationalstaaten in und außerhalb Europas. Gegen die Unterdrückung nationaler Bewegungen durch die **Heilige Allianz** bildeten England, Frankreich, Spanien und Portugal mit der **Quadrupelallianz** ein Gegengewicht (1834).

Südamerika

Während der napoleonischen Besetzung hatten sich in Mittel- und Südamerika revolutionäre Regime gegen den König von Spanien, Napoleons Bruder Joseph, gebildet. Nach der Wiederherstellung der Bourbonen-Dynastie erkämpfte die Oberschicht von Spanisch-Amerika unter der Führung von **Bolivar** und San Martin bis 1822 mit Unterstützung der USA und Großbritanniens die Unabhängigkeit. Die USA verhinderten ein Eingreifen der reaktionären europäischen Mächte (**Monroe-Doktrin**, 1823). Brasilien löste sich kampflos von Portugal und bildete ein unabhängiges Kaiserreich.

In den neuen Staaten Latein- und Südamerikas lagen politische und wirtschaftliche Macht in den Händen der kleinen Oberschicht, die von europäischen Einwanderern abstammte und ihre Interessen in instabilen Republiken oder Militärdiktaturen durchzusetzen versuchte. Der Großteil der Bevölkerung (Indianer, Schwarze, Mischlinge) lebte weiterhin in Armut, Abhängigkeit und Sklaverei. Wirtschaftliche Rückständigkeit und Abhängigkeit von den USA wurden zu Kennzeichen dieser Staaten („Bananen-Republiken").

Griechenland

1821 begann der griechische Freiheitskampf gegen die Türkenherrschaft. Österreich, Russland und Großbritannien waren an einer Schwächung des Osmanischen Reiches interessiert. Russland unterstützte daher die Freiheitsbewegung und verließ damit die konservativ-legitimistische Position der Heiligen Allianz, um Gebiete am Schwarzen Meer zu annektieren. Österreich stimmte gegen eine englisch-französisch-russische Intervention, da es ein Übergreifen national-revolutionären Gedankenguts auf den Balkan fürchtete. Im **Vertrag von Adrianopel** (1829) musste die Türkei nach der Niederlage in der Seeschlacht von Navarino die **Unabhängigkeit Griechenlands** anerkennen. Eine Folge des von

1823	1829	1830
Monroe-Doktrin	*griechische Unabhängigkeit*	*Juli-Revolution*

Freiwilligen aus allen europäischen Ländern unterstützten Freiheitskampfes war der **Zusammenbruch der Heiligen Allianz**. Zwischen Russland und Österreich wuchsen in der Folgezeit die Differenzen um Einflussgebiete auf dem Balkan.

Belgien

In den Vereinigten Niederlanden waren die katholischen Süd- mit den protestantischen Nordprovinzen der ehemaligen österreichischen Niederlande vereinigt worden. Infolge der Juli-Revolution (1830) löste sich der Süden des Landes aus Protest über die Kirchenpolitik aus dem Staatenverband. Auf der Londoner Fünfmächtekonferenz (1830/31) setzten Frankreich und Großbritannien die **Unabhängigkeit Belgiens** durch und garantierten ihm **„ewige Neutralität“**. Die liberale Verfassung des Landes wurde zum Vorbild für die europäischen Länder.

Polen

Seit dem Wiener Kongress gehörte der größte Teil Polens als „Kongress-Polen“ in Personalunion zu Russland. Die Entwicklung in Griechenland und Belgien löste auch in Warschau einen **Aufstand** aus, der 1831 von russischen Truppen niedergeschlagen wurde. Zahlreiche Polen wurden nach Sibirien deportiert, die polnische Verwaltung und Bildung aufgehoben; viele Polen emigrierten infolge dieser Politik.

Nach einem weiteren erfolglosen Aufstand 1863 wurde Polen endgültig Russland angegliedert und gezielt russifiziert.

Italien

Auch in Italien waren die Versuche, 1848/49 die österreichische Herrschaft abzuschütteln und das Land zu einen, erfolglos geblieben. In Piemont-Sardinien verfolgte Ministerpräsident **Cavour** durch Liberalisierung und Modernisierung des Landes Einigungsbemühungen und ging mit Unterstützung des französischen Kaisers Napoleon III. gegen Österreich vor. Trotz der österreichischen Niederlagen in Oberitalien 1859 verständigte sich Napoleon III. mit Österreich im Vertrag von Villafranca. Erst gegen die Abtretung Savoyens gestand Frankreich die stillschweigende **Angliederung Mittelitaliens an Piemont-Sardinien** zu. Auch der Freischarführer Garibaldi, der die Bourbonen aus Süditalien vertrieben hatte (1860), stimmte der Vereinigung des Südens mit dem Norden zu. Österreich trat Venetien 1866 an Italien ab, Rom wurde 1870 von den Franzosen geräumt.

1830/31	1834	1859–1870
Unabhängigkeit Belgiens	*Quadrupelallianz*	*Einigung Italiens*

2.4 Die Revolution von 1848/49 in Deutschland

Der Gegensatz zwischen staatlichem Beharren und liberalen bzw. nationalen Forderungen spitzte sich 1848 zu. In Paris zwangen Revolutionäre den „Bürgerkönig“ Louis Philippe zur Abdankung, riefen die Republik aus und lösten damit im März 1848 eine Welle von Revolutionen aus, die alle Staaten Europas bis auf England und Russland erfasste.

Die Ursachen der Revolution

Die **Märzrevolution** in Deutschland hatte gesellschaftliche, wirtschaftliche und politische Ursachen:

- Das Bevölkerungswachstum hatte zu **Arbeitskräfteüberschuss** und Arbeitsmangel geführt. Trotz verlängerter Arbeitszeiten als Ausgleich für den Verdienstrückgang konnte kaum das Existenzminimum gesichert werden. Nach Aufhebung der Zunftbeschränkungen drohte vielen Handwerkern der soziale und wirtschaftliche Abstieg zum Lohnarbeiter.
- Wegen schlechter Kartoffel- und Getreideernten stiegen die Lebensmittelpreise. Die **Teuerung** verringerte die Nachfrage nach gewerblichen und industriellen Erzeugnissen und führte zu Existenznot.
- In Preußen waren nach der Bauernbefreiung zahlreiche Kleinbauern zu schlecht bezahlten **Landarbeitern** oder **Tagelöhnern** abgesunken, da ihre Höfe durch zahlungskräftige Bürger oder Adelige aufgekauft worden waren (Agrarkapitalismus). In Süddeutschland vergrößerte das Ausbleiben von Reformen die Bereitschaft zum Protest.
- Die **Verweigerung sozialer** und **politischer Reformen** durch die aristokratischen Regierungen politisierte auch das Bildungs- und Besitzbürgertum. Es forderte immer entschiedener eine erweiterte Teilhabe an der politischen Macht.

Der Beginn der Revolution in Süddeutschland

In Deutschland gab es drei Zentren der Revolution. Sie begann in Süddeutschland und griff auf Wien und Berlin über. Das Protestpotenzial aller Schichten entlud sich in Versammlungen, der Errichtung von Barrikaden, Petitionen und Resolutionen:

Einen ersten Höhepunkt hatten sie in den sog. **Märzforderungen** der Volksversammlung in Mannheim am 27.2., die Forderungen nach einer liberalen Verfassung, Presse- und Vereinsfreiheit, Schwurgerichten

Februar 1848	*27.2.1848*	*März 1848*
Revolution in Frankreich	*„Märzforderungen“*	*Revolution in Deutschland*

und einem gesamtdeutschen Parlament umfassten. Einen Tag später beantragte der badische Landtag die **Einberufung einer Nationalversammlung** und am 5. 3. wurde schließlich von der Heidelberger Versammlung der Beschluss über die **Einrichtung eines Vorparlaments** gefasst.

Die alten Gewalten gaben den Forderungen nach, entließen verhasste Minister und beriefen reformwillige **Märzministerien** ein. Aber von zentraler Bedeutung für den weiteren Verlauf waren die Ereignisse in Berlin und Wien.

Die Revolution in Berlin

Noch 1847 hatte der preußische König konstitutionelle Zugeständnisse verweigert. Unter dem Druck der Ereignisse in Süddeutschland bewilligte Friedrich Wilhelm IV. aber 1848 das Tagungsrecht des Landtags und machte nach Unruhen weitere liberale Zugeständnisse.

Nach Schüssen bei einer Kundgebung vor dem Berliner Schloss eskalierte der Protest mit **Straßen-** und **Barrikadenkämpfen.** Erst die Verbeugung des Königs vor den Toten, der Abzug der Truppen und die Einberufung eines liberalen Ministeriums sowie die Bewilligung einer **Verfassunggebenden Nationalversammlung** stellten im März 1848 die Ruhe in Berlin wieder her.

Die Revolution in Wien

In Wien wurde der Protest von Studenten angeführt. Nach Plünderungen und Straßenkämpfen musste der verhasste Staatskanzler Metternich im März zurücktreten. Trotz liberaler Zugeständnisse des Kaisers radikalisierte sich die Bewegung. Mit der Forderung nach Einberufung des österreichischen Reichstags griff die Revolution auf die Provinzen des Vielvölkerstaats über. **Nationale Erhebungen** in Italien, Böhmen, der Slowakei und Polen bedrohten die Existenz der Donaumonarchie. Die Tschechen beriefen einen eigenen „Slawenkongress“ nach Prag ein, die ungarische Nationalbewegung forderte die Autonomie und in Sizilien formierte sich eine Reformbewegung, aus der sich der nationale Befreiungskrieg entwickelte.

Wien blieb bis in den Herbst 1848 in den Händen eines „Sicherheitsausschusses“ der Radikalen.

13. 3. 1848	18. 3. 1848	29. 3. 1848
Rücktritt Metternichs	*Revolution in Berlin*	*Märzministerium in Preußen*

2.5 Die Frankfurter Nationalversammlung

Die Staaten des Deutschen Bundes hatten nach den März-Ereignissen allgemeine und gleiche Wahlen für ein gesamtdeutsches Parlament bewilligt. Das **Frankfurter Vorparlament** bereitete den Zusammentritt der Nationalversammlung vor. Unter den 574 willkürlich ausgewählten Mitgliedern traten bereits die Gegensätze zwischen radikaler Abschaffung der Monarchie und gemäßigter monarchischer Staatsform zutage.

Die Nationalversammlung trat am 18. 5. 1848 in der **Frankfurter Paulskirche** zusammen. Die 585 Abgeordneten spiegelten nicht die soziale Gliederung des Volkes, da kaum Handwerker und keine Arbeiter vertreten waren („Honoratioren-“ oder „Professoren-Parlament“). Ihre Sitzordnung – Konservative saßen vom Präsidium aus gesehen rechts, Radikaldemokraten links – wurde prägend für die Parteienlandschaft:

Die Zusammensetzung der Paulskirchenversammlung

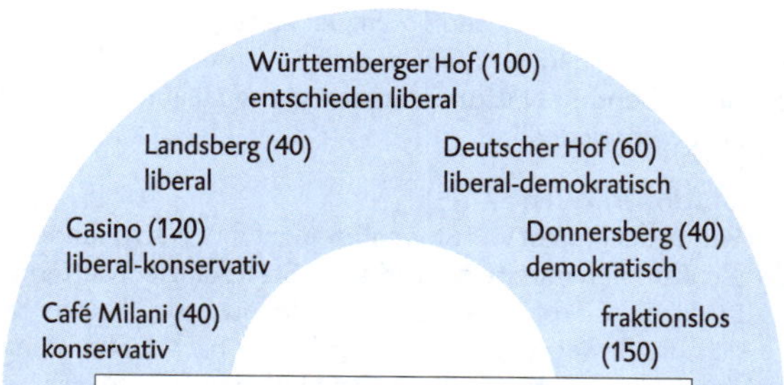

Landwirte 46	Offiziere 18
Kaufleute 35	Beamte 296
Fabrikanten 14	Geistliche 39
Handwerker 4	Richter / Staatsanwälte 110
Advokaten 106	sonstige Akademiker 88

Die ersten Schritte der Nationalversammlung betrafen die **Selbstorganisation**: Der liberale Heinrich von Gagern wurde Parlamentspräsident, dem österreichischen Erzherzog Johann wurde als Reichsverweser die provisorische Zentralgewalt übertragen. Der deutsche Bundestag wurde aufgelöst und ein Verfassungsausschuss eingesetzt, der die Grundrechte ausarbeiten sollte.

April – August 1848
Deutsch-Dänischer Krieg

18. 5. 1848
Paulskirchenversammlung

Von vornherein zeigte sich, dass die Nationalversammlung **keine wirkliche** politische und militärische **Macht** besaß. Preußen und Österreich betrieben weiterhin ihre eigenständige Politik ohne Rücksicht auf die Belange und Proteste in Frankfurt:

Preußen beendete den Krieg gegen Dänemark nach dessen Annexion Schleswigs gegen den Willen der Nationalversammlung, ein Aufstand in Baden und Unruhen in Frankfurt wurden gemeinsam mit Österreich niedergeschlagen.

Kleindeutsche oder großdeutsche Lösung?

Mit der Debatte über das Staatsoberhaupt war die Frage des künftigen deutschen Staatsgebiets verbunden. Umstritten war, ob ein geeintes Deutsches Reich Österreich, das nicht-deutsche Gebiete umfasste, einschließen sollte (großdeutsche), oder nicht (kleindeutsche Lösung). Eine großdeutsche Lösung hätte bedeutet, dass es weiterhin zwei annähernd gleich starke Großmächte (Österreich und Preußen) geben würde, was bereits im Deutschen Bund zu Problemen geführt hatte. In einer **kleindeutschen Lösung**, die sich letztlich durchsetzte, besaß Preußen allein eine dominante Stellung. Die Abgeordneten wählten schließlich den preußischen König **Friedrich Wilhelm IV. zum deutschen Kaiser**.

Reichsverfassung

Die Reichsverfassung wurde am 28. 3. 1849 von der Nationalversammlung verabschiedet. Zu ihr gehörten die am 27. 12. 1848 verkündeten **„Grundrechte des deutschen Volkes“**:

- Freiheit der Person, Meinungs-, Presse- und Glaubensfreiheit;
- Versammlungs- und Koalitionsfreiheit;
- Gleichheit vor dem Gesetz, Abschaffung der Standesunterschiede;
- Freizügigkeit innerhalb des Reichsgebietes, Berufsfreiheit;
- Unverletzlichkeit des Eigentums.

In der Frage der Staatsform setzten sich die Konservativen durch. Die Regierungsgewalt (Exekutive) sollte ein **Erbkaiser** innehaben. Der **Reichstag** (Legislative) wurde aus dem Volkshaus gebildet, **gewählt** nach allgemeinem, gleichem Männerwahlrecht, und dem Staatenhaus, das von Regierungen und Landtagen der Einzelstaaten bestellt wurde.

Die von 28 Einzelstaaten anerkannte Verfassung trat nicht in Kraft. Stattdessen erließen die Bundesstaaten eigene Verfassungen, in denen die Mitwirkungsrechte des Volkes deutlich eingeschränkt wurden.

27. 12. 1848 – *Verkündung der Grundrechte*

28. 3. 1849 – *Verabschiedung der Reichsverfassung*

2.6 Das Ende der Revolution

Gründe für das Scheitern

Der preußische König lehnte am 28.4.1849 die Kaiserkrone ab. Damit hatte die Revolution ihr Hauptziel verfehlt. Die Gründe des Scheiterns lagen im **schnellen Wiedererstarken der Monarchie**. Weite Teile der Bevölkerung, vor allem Militär und Beamte, blieben ihr loyal verbunden, andere, wie das Besitzbürgertum, näherten sich ihr wieder an, als sich die Revolution zunehmend radikalisierte.

Während die Nationalversammlung in Frankfurt tagte, stellte das Militär die alte Ordnung wieder her. Wien und Berlin wurden besetzt, die Bürgerwehren entwaffnet, österreichische Aufständische hingerichtet. Friedrich Wilhelm IV. löste die preußische Nationalversammlung auf (5.12.1848) und erließ eine Verfassung, die dem vorrevolutionären Zustand entsprach. Dem Beispiel folgend, riefen nun auch andere Regierungen Abgeordnete aus Frankfurt zurück. In den „Maiaufständen" in Sachsen, Baden und der Pfalz versuchten Radikaldemokraten vergeblich, den Sieg der Reaktion zu verhindern. Das Militär löste das nach Stuttgart umgezogene „Rumpfparlament" im Juni 1849 auf und markierte damit die **endgültige Niederlage der Revolution**.

Die revolutionäre Bewegung hatte sich als zu schwach erwiesen. Ihr fehlten eine einheitliche Zielsetzung und vor allem Machtmittel (Militär). Das „Professoren-Parlament" besaß nur eine geringe Akzeptanz in der Bevölkerung. Fehlende parlamentarische Erfahrung führte zu langen Debatten, wo schnelle Entschlüsse notwendig gewesen wären.

Die Bedeutung der Revolution

Das Scheitern der Revolution hatte weit reichende Folgen:

- Nach ihrem Sieg bestimmten in Preußen und Österreich die **reaktionären Kräfte** die Politik der nächsten Jahrzehnte.
- Das Bürgertum beschränkte sich aus Enttäuschung über den Misserfolg künftig auf **wirtschaftliche Interessen**.
- Die Reichsgründung von 1871 erfolgte durch den preußischen Staat „von oben".
- In der Nationalversammlung bildete sich das künftige deutsche Parteienspektrum heraus.
- Verfassungs- und Grundrechtsentwurf begründeten die deutsche **Verfassungs- und Parlamentstradition**.

Dezember 1848	*28.4.1849*	*Mai 1849*	*Juni 1849*
„oktroyierte" Verfassung in Preußen	*Ablehnung der Kaiserkrone*	*„Maiaufstände"*	*Auflösung des „Rumpfparlaments"*

3 Politik, Gesellschaft und Wirtschaft in Deutschland und Europa bis 1871

3.1 Industrialisierung in Europa

Kennzeichen der Industrialisierung

Unter Industrialisierung versteht man den Wachstums- und Wandlungsprozess, der Wirtschaft, Gesellschaft, Politik und Kultur in kurzer Zeit grundlegend veränderte und bis in die Gegenwart wirksam ist. Es erfolgte der Übergang von der Einzelfertigung im Handwerksbetrieb oder der Manufaktur zur **Massenproduktion** in Fabriken. Die agrarisch geprägte Gesellschaft wandelte sich binnen weniger Jahrzehnte zur Industriegesellschaft.

Ein Kennzeichen dieses Prozesses ist der Einsatz von Maschinen im Fertigungsprozess. Er ermöglicht **Arbeitsteilung** und **Spezialisierung**, die gleiche Zahl an Arbeitern kann in der gleichen Zeit mehr Produkte herstellen. Diese **Produktivitätssteigerung** ermöglicht höhere Gewinne; die Re-Investition der Gewinne kurbelt wiederum die Produktion an. Dadurch steigt die Nachfrage nach Arbeitskräften.

Aufgrund des **Bevölkerungsanstiegs** durch Fortschritte in der Medizin und der Agrarrevolution (Fruchtwechsel, Flurbereinigung, verbesserte Düngemethoden) standen diese in großer Zahl zur Verfügung. Eine **lohnabhängige Arbeiterschicht** entstand (vgl. 3.2 Soziale Frage).

Ein weiterer wichtiger Aspekt war die **Revolutionierung des Verkehrswesens** (erste Dampflokomotive 1803/04, erste Eisenbahnstrecke 1825). Denn erst so wurde es möglich Wirtschaftsstandorte zu verbinden und Güter und Menschen schnell und massenhaft zu transportieren.

Ihren Ausgangspunkte hatte die **Industrielle Revolution** gegen Ende des 17. Jahrhunderts in **England** mit **technischen Neuerungen** wie der Spinnmaschine (1768/69), dem mechanischen Webstuhl („Spinning Jenny", 1785) und der Dampfmaschine (J. Watt, 1769). In England war die Textilindustrie „Schrittmacher" der Entwicklung. Gründe dafür, dass die Industrialisierung gerade dort begann, sind der Überseehandel (Kolonien), die **Calvinistische Erwerbsethik** (gewinnorientiertes und risikobereites Denken und Handeln) und Adam Smiths Idee des **Wirtschaftsliberalismus**.

ab 1770	*ab 1850*	*1865*	*1871*
Industrialisierung in England	*Industrialisierung in Deutschland*	*Handelsgesetzbuch*	*Annexion Elsass-Lothringens*

Der Durchbruch der Industriellen Revolution in Deutschland

Der Durchbruch der Industriellen Revolution erfolgte in Deutschland verzögert. Gründe für die **Rückständigkeit** waren kleinere Absatzmärkte infolge der Kleinstaaterei sowie Handelsbeschränkungen und Zölle. Hemmend wirkten auch die Ständegesellschaft (Gutsuntertänigkeit und Zunftbindung) und ein fehlendes selbstbewusstes Bürgertum.

Triebkräfte des erfolgreichen Aufholprozesses seit 1850 waren die **Montan- und Eisenindustrie:**

- Der **Eisenbahnbau** („Schrittmacherindustrie") führte zu wachsendem Bedarf an Kohle und Eisen. Dies trieb den Ausbau und die technologische Entwicklung in Bergbau und Stahlgewinnung voran. Neue Verfahren verbesserten und beschleunigten die Umwandlung von Roheisen zu Stahl (Bessemer-Verfahren).
- Mit der Annexion **Elsass-Lothringens** (1871) gewann das Deutsche Reich ein wichtiges Eisenerzgebiet. Erz- und Kohleabbau wurden in der Stahlindustrie zusammengefasst, um Kosten zu senken.
- Ruhrgebiet, Oberschlesien und Saargebiet wurden zu führenden Zentren der Montanindustrie.
- Krupp, Mannesmann, Klöckner und Borsig entwickelten sich zu Großfirmen. Durch ihre Umwandlung in Aktiengesellschaften konnten industrielle Großvorhaben finanziert werden.

Die **Vereinheitlichung des Wirtschaftsraumes** (Handelsgesetzbuch 1865, Zentralnotenbank 1875, gemeinsame Währung „Deutsche Mark" 1876) vergrößerte Absatz- und Zulieferermärkte. Französische Reparationen lösten den Wirtschaftsboom der „Gründerjahre" (1871–73) aus.

1870 hatte Deutschland Frankreich in der Roheisenproduktion überholt, 1880 war es zur drittgrößten Industrienation geworden. In den 90er-Jahren trieben Elektrotechnik, Motorenbau und Großchemie als neue Leitsektoren die wirtschaftliche Entwicklung mit einer **„Zweiten Industriellen Revolution"** weiter voran.

Zwischen 1800 und 1900 sank der Anteil der Beschäftigten in Landwirtschaft und Bergbau (primärer Sektor) von 2/3 auf 1/3 zugunsten der Zunahme im sekundären (Industrie) und tertiären Sektor (Dienstleistung). Die anfängliche Massenarbeitslosigkeit und -armut war weitgehend überwunden.

1871–1873	1873	1876
Gründerjahre	*Gründerkrach*	*Deutsche Mark*

3.2 Soziale Frage

Das Bevölkerungswachstum bereits vor Beginn der Industrialisierung hatte zu **Arbeitslosigkeit** und **Massenarmut** („Pauperismus") geführt. Die Standortbindung der Industrie an Rohstoffvorkommen, Absatzmarkt bzw. Verkehrsanbindung und die gleichzeitig erfolgende Freisetzung von Arbeitskräften in der Landwirtschaft waren Auslöser einer beispiellosen Wanderung der Arbeitskräfte vom Land in die Stadt. Besonders das Ruhrgebiet, aber auch Berlin waren in Deutschland Zielgebiete der Arbeitssuchenden. Im Zuge dieses **Verstädterungsprozesses** entstanden Wohnviertel der Arbeiter mit Mietskasernen, die durch billigste Bauweise, Überbelegung und unzureichende sanitäre Einrichtungen gekennzeichnet waren.

Kinder- und Frauenarbeit, niedrige Löhne, lange Arbeitszeiten, fehlende soziale Absicherung gegen Krankheit, Unfälle, Arbeitslosigkeit und das Wohnungselend hatten Armut, Verelendung, physische und psychische Schäden der Industriearbeiter zur Folge. Die Lösung der **Sozialen Frage** wurde zu einem gesellschaftlich-politischen Hauptanliegen.

Lösungsversuche der Sozialen Frage durch die Unternehmer

Seit dem frühen 19. Jahrhundert gab es Versuche einzelner Unternehmer, wie Friedrich Harkort oder Alfred Krupp, die Lage ihrer Arbeiter zu verbessern. Sie entsprangen einer **patriarchalischen Fürsorgepflicht**, ethischer Verantwortung, aber auch dem **ökonomischen Kalkül**, Arbeitskräfte an den Betrieb zu binden. So wurden z. B. Wohnhäuser und Schulen gebaut, Krankenkassen gegründet und Betriebsrenten eingeführt.

Kirchliche Lösungsansätze

Auch die Kirchen nahmen ihre **christliche Verantwortung** gegenüber der sich verändernden Sozialstruktur der Gesellschaft wahr. Konkrete Maßnahmen waren die Gründung des „Rauhen Hauses" für verwahrloste Kinder durch Wichern („Wichern-Heime") und von katholischen Gesellenvereinen („Kolping-Vereine").

Der Bischof von Mainz, Ketteler, verlangte sozialpolitische Maßnahmen des Staates. Seine Forderungen nach Verkürzung der Arbeitszeit, Einschränkung der Frauen- und Kinderarbeit und Lohnsicherheit fanden Eingang in die Enzyklika „Rerum Novarum" von Papst Leo XIII. (1891).

ab 1830	*ab 1830*	*1891*
Unternehmerfürsorge	*kirchliche Fürsorge*	*Enzyklika „Rerum Novarum"*

Der Sozialismus

Die Kritik des Sozialismus an den bestehenden Verhältnissen griff philosophische Ansätze des deutschen Materialismus auf. **Karl Marx** erhob den Anspruch, durch eine Analyse der Produktionsverhältnisse und deren Auswirkungen auf die Gesellschaft den Verlauf der Geschichte und die herrschenden Zustände wissenschaftlich begründen zu können. Danach verfüge die kapitalistische Bourgeoisie über Rohstoffe, Grundbesitz, Maschinen und Kapital **(Produktionsmittel)**, während die Proletarier nur ihre **Arbeitskraft** besäßen, die sie zum Erhalt ihrer Existenz an die Unternehmer verkaufen müssten. Diese können daher einen Überschuss an Produktivität durch längere Arbeitszeit erzielen, den „Mehrwert" oder Profit des Unternehmers. Der kapitalistische Konkurrenzkampf führe zu Rationalisierung, Mechanisierung, dem Einsatz immer billigerer Arbeitskraft und damit letztlich zur **wachsenden Verelendung** der Arbeiter. Im „Kommunistischen Manifest" (1848) forderten Marx und Engels die radikale Lösung durch einen gewaltsamen Umsturz. Erst die **„Diktatur des Proletariats"** überführe alle Produktionsmittel in Gemeineigentum und beende weitere Ausbeutung.

Genossenschaften und Gewerkschaften

Ein erster Schritt der Arbeiter zur Verbesserung ihrer Lage war die Gründung von Genossenschaften. Hierzu zählen von Schulze-Delitzsch gegründete **Einkaufs- und Verkaufsgenossenschaften** sowie Spar- und Darlehenskassen für den Agrarbereich **(Raiffeisen)**, aus denen sich Volks-, Handels- und Gewerbebanken entwickelten. Durch die Ausschaltung des Zwischenhandels wurden die Preise niedrig gehalten und eventuelle Gewinne als Rabatte oder Dividenden an die Verbraucher zurückgezahlt.

Nach englischem Vorbild wurden später auch in Deutschland Gewerkschaften gegründet (1865). Aber erst nach der Aufhebung des Sozialistengesetzes (1890) entwickelten sie sich zu Massenorganisationen. Während die **„Freien Gewerkschaften"** als größte Gruppierung eine sozialistische Richtung vertraten, folgten die den liberal-bürgerlichen Parteien nahe stehenden **„Hirsch-Duncker'schen Gewerkvereine"** einer liberalen, reformerischen Linie. Eine dritte Richtung bildeten die 1895 entstandenen **„Christlichen Gewerkschaften"**.

Ziel der Gewerkschaften war die Verbesserung der Lebens- und Arbeitsbedingungen der Arbeiter. Dazu mussten dem Staat die rechtlichen Voraussetzungen (z. B. Arbeitsschutzgesetze, Koalitionsfreiheit) abge-

1848 Kommunistisches Manifest — *ab 1865* Gewerkschaftsgründungen — *1878* Sozialistengesetz

rungen werden. Erst nach der Aufhebung des Koalitionsverbots (1869) wurde auch der Streik als Waffe in den Tarifauseinandersetzungen mit den Unternehmern eingesetzt.

Die Sozialdemokratie

Die aus dem von Lassalle gegründeten **„Allgemeinen Deutschen Arbeiterverein"** hervorgegangene Sozialdemokratische Partei Deutschlands (SPD, seit 1890) war die **politische Vertretung der Arbeiterschaft.** Sie folgte mit dem Erfurter Programm revolutionär-marxistischen Zielsetzungen. Dagegen wollte der revisionistische Flügel (Bernstein) nach englischem Vorbild eine schrittweise Verbesserung der Lage der Arbeiter. Die Ansicht von einer evolutionären Entwicklung der gesellschaftlichen Verhältnisse zwischen Reform und Revolution vertrat Kautsky.

Staatliche Sozialpolitik

England und Frankreich schränkten bereits seit 1814 allmählich Kinder- und Frauenarbeit gesetzlich ein. Preußen folgte erst 1839 mit dem Verbot der Kinderarbeit unter neun Jahren. Weitergehende Forderungen nach einem sozialpolitischen Reformprogramm scheiterten an der liberalen Auffassung eines passiven und gewährenden („Nachtwächter-") Staates. Erst Bismarck war aufgrund des Erstarkens von Gewerkschaften und Sozialdemokratie zu einer aktiven Sozialpolitik bereit. Mit dem **Sozialistengesetz** (1878) sollte die Sozialdemokratie bekämpft und mit staatlichen Maßnahmen die Lage der Arbeiter verbessert werden: Gesetz zur **Krankenversicherung** (1883), zur **Unfallversicherung** (1884) und zur **Invaliden- und Altersversicherung** (1889). 1911 wurden diese Gesetze in der Reichsversicherungsordnung zusammengefasst, die im Wesentlichen noch heute gilt.

Die Sozialgesetzgebung der 1880er-Jahre machte das Deutsche Reich zum **Vorbild für andere Industriestaaten.** Ihr Kerngedanke war die paritätische Verteilung der Kosten im Krankheits- und Rentenfall auf Arbeitnehmer und Arbeitgeber. Es gelang Bismarck aber nicht, die Arbeiterschaft von der Sozialdemokratie zu trennen, sie mit dem Staat zu versöhnen und an ihn zu binden.

1883	1884	1889	1895
Kranken-versicherung	*Unfall-versicherung*	*Alters-versicherung*	*Christliche Gewerkschaften*

3.3 Der Aufstieg Preußens zur deutschen Führungsmacht

Der preußisch-österreichische Dualismus

Nach der Ablehnung der Kaiserwürde musste sich Preußen Russland und Österreich beugen und der Wiederherstellung des Deutschen Bundes unter österreichischer Führung zustimmen **(Olmützer Punktation)**, konnte aber die Aufnahme aller österreichischen Länder in den Bund verhindern. Da Preußen besonders von der Beendigung der wirtschaftlichen Zersplitterung Deutschlands profitierte, stieg es zur wirtschaftlichen und politischen Führungsmacht Deutschlands auf:

- Gründung eines Zollvereins (1828) mit Hessen-Darmstadt;
- Erweiterung zum **Deutschen Zollverein** (1834) nach Beitritt des Mitteldeutschen Handelsvereins;
- Verhinderung der Aufnahme Österreichs in den Zollverein;
- Gründung des Deutschen Nationalvereins für die Reichseinigung unter preußischer Führung (1859);
- Vereitelung einer Bundesreform zugunsten des österreichischen Führungsanspruchs auf dem Frankfurter Fürstentag (1863).

Das „Dritte Deutschland"

Zwischen Preußen und Österreich standen die **Mittel- und Kleinstaaten**. Ihre Bevölkerung entsprach der Preußens (ca. 17 Millionen). Österreich-Ungarns Bevölkerung war mehr als doppelt so groß (fast 40 Millionen), zu ihr gehörten aber die Völker in Ost- und Südosteuropa. Aus Furcht vor der militärischen Dominanz Preußens neigten sie politisch zu Österreich, aber wirtschaftliche Interessen banden die Mittel- und Kleinstaaten an die preußische Industrie. Eine gemeinsame „kleindeutsche" Politik war für sie daher unumgänglich. Der Deutsche Zollverein (1834) unter Führung Preußens war der Schritt zur Reichseinigung, der Österreich-Ungarn ausschloss.

Während die beiden großen Mächte nach 1848/49 eine reaktionäre Politik betrieben, setzten süddeutsche Staaten wie Bayern und Baden ihre **liberale Reformpolitik** fort. Vor allem das Großherzogtum Baden blieb das „liberale Musterland" Deutschlands.

Die Reaktion in Preußen

Die preußische Politik war gekennzeichnet durch ein **starres Festhalten** an vorrevolutionären politischen und gesellschaftlichen Verhältnissen.

1834	1849/50	1850	1859
Deutscher Zollverein	*„oktroyierte" Verfassung*	*Olmützer Punktation*	*Deutscher Nationalverein*

Die Errungenschaften der Märzrevolution wurden beseitigt. Die vom König erlassene, **„oktroyierte" Verfassung** wurde 1849/50 nochmals konservativ überarbeitet. Sie fand die Zustimmung des wirtschaftlich erfolgreichen Großbürgertums, das von sozialen Reformen und Parlamentarisierung abrückte und die reaktionäre Politik des Königs unterstützte. Die preußische Verfassung blieb bis 1918 in Kraft.

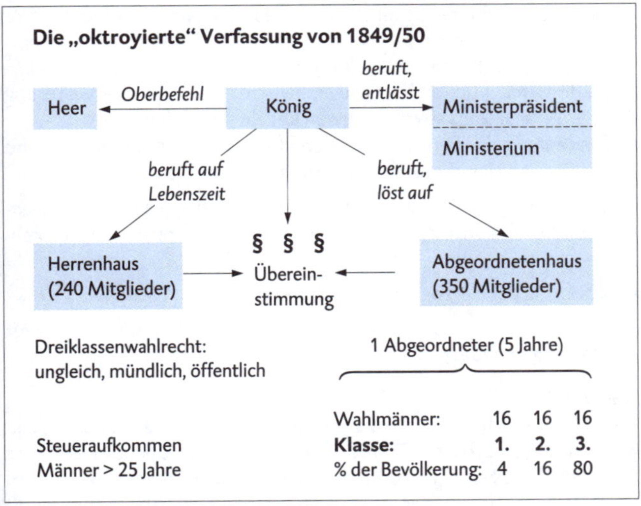

Die Regierungsübernahme Wilhelms IV. (1858/61), der spätere Kaiser **Wilhelm I.**, schien eine **„Neue Ära"** einzuleiten. In der **Heeresreform** war der König zur Zusammenarbeit mit den Konservativen bereit. Sie sah die Erhöhung der Dienstzeit auf drei Jahre, den Ausbau der Linienregimenter bei gleichzeitiger Reduzierung der Landwehr vor. Die liberale Landtagsmehrheit lehnte die Reform ab, die den konservativen Einfluss adliger Offiziere gestärkt hätte, und verweigerte die Budgetbewilligung.

Zur Lösung des **Verfassungskonflikts** berief Wilhelm IV. **Otto von Bismarck** als preußischen Ministerpräsidenten. Dieser erklärte, die Verfassung sei lückenhaft und regierte ohne Haushaltsgesetz (Lückentheorie). Nach den preußischen Erfolgen in den Kriegen gegen Dänemark und Österreich billigte die Opposition in der Indemnitätsvorlage (1866) nachträglich Bismarcks verfassungswidriges Verhalten.

- *1861* – *Heeresreform*
- *1862* – *Verfassungskonflikt*
- *1863* – *Frankfurter Fürstentag*
- *1866* – *Indemnitätsvorlage*

3.4 Die Einigungskriege

Der Deutsch-Dänische Krieg

Die norddeutschen Herzogtümer **Schleswig und Holstein** gehörten zum Deutschen Bund, waren aber in Personalunion mit Dänemark verbunden. 1863 versuchte Dänemark erneut, Schleswig zu annektieren und verletzte damit die Bestimmungen des Londoner Abkommens. Die Mittelstaaten forderten zur Durchsetzung des Nationalitätenprinzips einen nationalen **Krieg gegen Dänemark** und die Okkupation Schleswigs. Bismarck nutzte die Gelegenheit zu einer Machterweiterung Preußens – allerdings streng nach den Regeln des Völkerrechts:

- Zusicherung der Einhaltung des Londoner Abkommens an Russland und Großbritannien zur Verhinderung ihrer Intervention;
- Zustimmung Österreichs zur Bundes-Exekution, da es keine Anwendung des Nationalitätenprinzips auf seinen Vielvölkerstaat befürchten musste;
- Besetzung der Herzogtümer durch beide Mächte (1864);
- Schleswig wurde von Preußen, Holstein von Österreich verwaltet **(Vertrag von Gastein)**.

Der Deutsche Krieg

Über die Zukunft der Elbherzogtümer waren die Sieger uneinig: Bismarck strebte nach preußischer Hegemonie in Norddeutschland und Annexion Schleswigs und Holsteins. Ein Bündnis mit Italien (1866) sollte Österreich im Süden unter Druck setzen. Der Antrag auf Einführung allgemeiner und gleicher Parlamentswahlen im Deutschen Bund sicherte ihm die Unterstützung der Liberalen. Österreich wollte mit Zustimmung der meisten süddeutschen Staaten aus Schleswig und Holstein einen Mittelstaat gegen Preußen schaffen.

Als preußische Truppen in das von Österreich verwaltete Holstein einrückten, wurde die Bundes-Exekution gegen Preußen beschlossen. Bei Königgrätz besiegte Preußen Österreich und seine Verbündeten, die meisten Bundesstaaten. Im **Frieden von Prag** setzte Bismarck seine Kriegsziele um:

- Territoriale Unversehrtheit Österreichs, aber Ausschluss aus Deutschland und Auflösung des Deutschen Bundes;
- **Annexion von Hannover, Kurhessen, Frankfurt, Nassau**, den Verbündeten Österreichs;

1864	Juni /Juli 1866	August 1866
Deutsch-Dänischer Krieg	Deutscher Krieg	Friede von Prag

- Bildung des **Norddeutschen Bundes** mit den anderen Klein- und Mittelstaaten;
- Abschluss geheimer Militärabkommen mit süddeutschen Staaten.

Der **Norddeutsche Bund** (1867–1871) war eine Zwischenstufe auf dem Weg zur Reichseinigung. Seine Verfassung war in vielen Aspekten ein Vorläufer der späteren Reichsverfassung.

Der Deutsch-Französische Krieg

Frankreich war nach dem schnellen Erfolg Preußens über Österreich enttäuscht. Es hatte als möglicher Vermittler auf territoriale Kompensationen gehofft. 1870 spitzte sich die Lage zu, als einem Mitglied des Hauses Hohenzollern die spanische Königskrone angeboten wurde. Trotz dessen Ablehnung verlangte Frankreich eine Verzichtsgarantie. In der **Emser Depesche**, dem gekürzten Bericht über die entsprechende Unterredung zwischen Wilhelm I. und dem französischen Botschafter, stellte Bismarck Frankreichs überzogene Forderungen bloß. Wie Bismarck erwartet hatte, reagierte Frankreich auf diesen Affront mit der **Kriegserklärung** (19. 7. 1870).

Damit begann die letzte Phase des deutschen Einigungsprozesses: Bismarck hatte Frankreich durch diplomatisches Geschick als Aggressor dargestellt. Frankreich hatte sich außenpolitisch isoliert, die internationale Öffentlichkeit war auf der Seite der Deutschen. Zudem setzte die französische Kriegserklärung die Militärabkommen mit den süddeutschen Staaten in Kraft.

Nach verlustreichen Schlachten musste die französische Armee bei **Sedan** kapitulieren (4. 9. 1870). Mit der Gefangennahme Napoleons III. brach die Monarchie zusammen: Frankreich wurde Republik. Erst nach der Belagerung von Paris wurde der **Friede in Frankfurt** unterzeichnet (10. 5. 1871) und Frankreich musste 5 Milliarden Francs Entschädigung zahlen. Vor allem die **Abtretung Elsass-Lothringens** an das Deutsche Reich schuf ein Konfliktpotenzial, das das deutsch-französische Verhältnis in Zukunft schwer belastete.

Mit der **Kaiserproklamation im Schloss von Versailles** (18. 1. 1871) war das Reich vereinigt – militärisch erkämpft, durch Beschluss der Fürsten und ohne Mitsprache einer Volksvertretung. Der preußische Staat hatte seine Hegemonie auf ganz Deutschland ausgedehnt und die kleindeutsche Nationalstaatsbildung durchgesetzt.

1867–1871	1870/71	*Januar 1871*	*Mai 1871*
Norddeutscher Bund	*Deutsch-Französischer Krieg*	*Kaiserproklamation in Versailles*	*Friede von Frankfurt*

3.5 Die Gründung des Deutschen Reichs

Das Reich von 1871 war zugleich Bundesstaat, konstitutioneller Verfassungsstaat, preußischer Hegemonialstaat, Kaiserstaat, Macht- und Militärstaat – vor allem aber Nationalstaat. Preußen hatte sich als deutsche Führungsmacht im Reich gegenüber Österreich durchgesetzt.

Die Mächtekonstellation bei der Reichsgründung

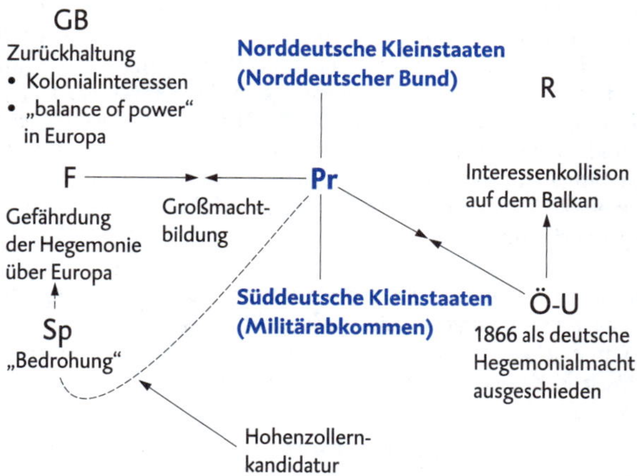

Faktoren der Reichsgründung

Eine Reichseinigung unter Preußens Führung war keineswegs der Wunsch aller deutschen Staaten gewesen. Vor allem in Süddeutschland hatte Bismarcks harte Annexionspolitik gegenüber den mit Österreich verbündeten norddeutschen Ländern **Ängste vor Preußen** geschürt. Um diese abzubauen und zur Intensivierung der wirtschaftlichen Zusammenarbeit waren 1867 ein Zollbundesrat und ein Zollparlament eingerichtet worden. Die Wahlen zum Zollparlament ergaben in Bayern und Württemberg aber Mehrheiten für die Gegner der preußischen Politik. Sie bildeten zusammen mit norddeutschen Gruppen (Welfen, Katholiken, Polen und Alt-Konservative) die Opposition gegen Bismarck.

1862	1866	Juli 1867
„Eisen-und-Blut-Rede“	*Deutscher Krieg*	*Zollbundesrat, Zollparlament*

Erst die aggressive französische Politik schuf ein **verbindendes Nationalgefühl**, sodass die Reichsgründung von der überwiegenden Mehrheit der deutschen Bevölkerung begrüßt wurde.

Die süddeutschen Fürsten waren nur bei umfangreichen Zugeständnissen (Militärhoheit im Frieden, eigene Post und Eisenbahn) bereit gewesen, dem preußischen König die Kaiserkrone anzutragen. Der Titel „Deutscher Kaiser" schonte ihre eigenstaatlichen Gefühle.

Die Rolle Bismarcks bei der Reichsgründung

Die Reichseinigung war 1871 möglich geworden, da Bismarck die innen- und außenpolitischen Rahmenbedingungen zielgerichtet nutzte:

- Außenpolitische Absicherung durch Isolierung der Gegner und Rückversicherung mit Russland (Militärkonvention von Alvensleben, 1867);
- Die Bereitschaft, **Krieg als Mittel der Politik** und Fortsetzung der Diplomatie einzusetzen;
- Die **Missachtung der Parlamente** und des Parlamentarismus („Eisen-und-Blut-Rede", 1862);
- **Bewusstseinswandel des Bürgertums**, das die Durchsetzung liberaler Ideen dem Einigungsgedanken unterordnete.

Die Reichsgründung ist also der Erfolg eines reaktionären „ostelbischen" Landjunkers, dessen Ziele in erster Linie die Sicherung der königlichen Macht, die Stärkung des preußischen Staates und der Kampf gegen den Parlamentarismus waren.

Anders als im Deutschen Krieg, als Bismarck die Schonung Österreichs durchgesetzt hatte, schloss er sich mit der Annexion Elsass-Lothringens den Überlegungen seiner Generäle an. Frankreich betrachtete diese Gebiete weiterhin als Teil der französischen Nation. Sein Ziel war es, mit Unterstützung starker Bündnispartner Revanche zu nehmen.

Die Niederlage Frankreichs veränderte die außenpolitische Konstellation in Europa. Russland hatte Österreich durch einen Truppenaufmarsch an der galizischen Grenze neutralisiert und kündigte die Einschränkungen auf, die es nach der Niederlage im Krim-Krieg (1856) am Schwarzen Meer hatte akzeptieren müssen. Bismarck unterstützte diese Politik und schuf damit ein Gegengewicht zu England, das nach der offensichtlichen Überlegenheit des deutschen Militärs den deutsch-französischen Konflikt durch einen Kongress lösen wollte. Italien nutzte die französische Schwäche und marschierte in den Kirchenstaat ein.

1867	1870	1871
Militärkonvention von Alvensleben	*Hohenzollern-kandidatur*	*Reichsgründung*

Deutschland und die Welt im Zeitalter des Imperialismus

Die **deutsche Einigung** von 1871 wurde zwar innerhalb Deutschlands begeistert gefeiert, jedoch Verfassung und Gesellschaftsstruktur waren weiterhin Ausdruck des Obrigkeitsstaates und des Ausschlusses der Arbeiterschaft von politischer Teilhabe. Bismarcks Kampf gegen Zentrum und Sozialdemokratie blieben letztlich erfolglos, seine Regierungstechnik verhinderte lange Zeit eine Aussöhnung dieser Parteien mit dem Staat, die später wichtige Träger des Staates wurden. Umso wirkungsvoller war seine maßvolle Außenpolitik, die das neue Machtzentrum in der Mitte Europas in das **Kräftegleichgewicht** zu integrieren suchte.

Seine Nachfolger allerdings waren weder bereit noch in der Lage, den Anspruch auf Weltgeltung zugunsten des europäischen Ausgleichs zurückzustellen. Sie folgten der aggressiven und expansiven Politik der industrialisierten Staaten, die neue Rohstoffquellen und Absatzmärkte in Übersee suchten und den **Imperialismus** zur Schicksalsfrage erklärten. Auch die späteren Großmächte des 20. Jahrhunderts, Japan und die USA, nahmen an diesem Wettlauf teil. Deutschland forderte verspätet, aber umso heftiger seinen **„Platz an der Sonne“** und gab dabei alle europäischen sicherheitspolitischen Rücksichten auf.

Die neue deutsche und von dem in seinen Entscheidungen unberechenbaren Kaiser Wilhelm II. geprägte Politik eröffnete Frankreich einen Weg zum außenpolitischen Ausgleich mit Russland und Großbritannien. Zu Beginn des 20. Jahrhunderts hatte die enge Bindung an Österreich-Ungarn das Deutsche Reich isoliert und anfällig gemacht für die Weiterungen des russisch-österreichischen Konflikts um den Balkan. Danach bestimmten militärische Überlegungen das Krisenmanagement in der **Julikrise 1914**. Sie zogen die anderen Mächte in den ersten Krieg mit modernen Waffen in Europa, der als **„Urkatastrophe“** des 20. Jahrhunderts wirkte, als eine Epochenbruch, der „Anfang vom Ende des bürgerlichen Zeitalters“.

1871–1890	1890–1918	1914–1918
Deutsches Reich, Bismarck'sches Bündnissystem	*Wilhelminismus und Weltmachtpolitik*	*„Urkatastrophe“ Erster Weltkrieg*

1 Das deutsche Kaiserreich

1.1 Das politische System

Das neue Deutschland, ein aus **25 Einzelstaaten** – darunter vier Königreiche, sechs Großherzogtümer, fünf Herzogtümer, sieben Fürstentümer und drei freie Städte – bestehender **Bundesstaat**, dem noch Elsass-Lothringen angegliedert wurde, war historisch, geografisch, bevölkerungsmäßig, wirtschaftlich und konfessionell keine Einheit.

Die Parteien

Die ersten Wahlen zum neuen deutschen Reichstag fanden im März 1871 statt. Wahlberechtigt waren alle Männer ab 25 Jahren. Erstmals rückten **Parteien** in das Licht der Öffentlichkeit. Allerdings besaßen sie keine politische Verantwortung und waren daher nicht zur Kooperation mit anderen politischen Kräften und damit zur Erzielung von Kompromissen gezwungen. Stärkste politische Kraft wurden die Nationalliberalen, gefolgt von den beiden konservativen Parteien (Deutschkonservative und Freikonservative), dem katholischen Zentrum, der liberalen Fortschrittspartei sowie – weit abgeschlagen – den Sozialdemokraten. Die Parteien waren ideenpolitisch als Programm- bzw. Weltanschauungsparteien organisiert und hatten ihre Basis in soziokulturell geprägten Wählerschichten:

- Die Liberalen spalteten sich 1866/67. Die preußischen rechtsliberalen Anhänger der Realpolitik, die Bismarcks Verwirklichung der Reichseinigung „von oben" begrüßten, bildeten die **Nationalliberale Partei**. Ihre Basis lag im aufstrebenden Bürgertum (Industrielle, Bankiers, Bildungsbürger). Als „Reichsgründungspartei" unterstützte sie Bismarck in den 1870er-Jahren. Die linksliberale **Fortschrittspartei** hatte ihren Rückhalt in Mittelstand und Kleinbürgertum. Sie forderte konstitutionelle Fortschritte, lehnte jede Preisgabe liberaler Prinzipien ab und verblieb in der Opposition.

- Die Konservativen waren Verteidiger der Vorrechte von Monarch und Regierung, von Kirche, Militär, Adel und Landwirtschaft. Die Freikonservativen der **Deutschen Reichspartei** waren Bismarcks Stütze im Reichstag. Die Altkonservativen der **Deutsch-Konservativen Partei** lehnten hingegen liberale Zugeständnisse ab und standen zunächst in

1863 – *Allgemeiner Deutscher Arbeiterverein*

1866/67 – *Spaltung der Liberalen*

1871 – *Reichsgründung*

Opposition zu Bismarck. Als vornehmlich ostelbische Partei ging für sie die preußische Partikularität vor nationaler Einheit.

- Das **Zentrum** war die Schichten und Länder übergreifende Partei katholischer Bevölkerungskreise, die erste Volkspartei. Ihre Wählerschaft reichte von Unternehmern und Gutsbesitzern bis zu Arbeitern und Bauern. Sie trat für die Rechte der Kirche und den föderativen Aufbau des Reiches ein.
- Die erste politische Organisation der Arbeiterbewegung war der von Lasalle gegründete „Allgemeine Deutsche Arbeiterverein" (1863). Er schloss sich in Gotha (1875) mit der Sozialdemokratischen Arbeiterpartei zur Sozialistischen Arbeiterpartei Deutschlands (Vorsitzender August Bebel) zusammen. 1890 benannte sie sich in **Sozialdemokratische Partei Deutschlands (SPD)** um. Anders als die anderen Parteien war die SPD eine Massenpartei mit fester Mitgliedschaft und straffer Organisation. In sozialen und kulturellen Einrichtungen (Kindergärten, Sportvereine, Unterstützungskassen, Spar- und Konsumvereine) und in den Gewerkschaften fanden die Arbeiter eine politische Heimat und konnten sich innerhalb des Staates emanzipieren. Während der Verfolgung im Rahmen des Sozialistengesetzes setzten sich in der SPD gegen den Widerstand der Reformer die Gegner des bürgerlichen Staates und Anhänger der Weltrevolution durch.

Die Reichsverfassung

Die Verfassung wies **vier Verfassungsorgane** auf: Bundesrat, Kaiser, Reichskanzler und Reichstag. In die Zuständigkeit des Reiches – und somit des Kaisers – fielen Außenpolitik, Militärwesen sowie Wirtschafts- und Sozialpolitik, also die zentralen politischen Aufgabenbereiche. Die Reichsverfassung enthielt **keine Grundrechte**.

Formal war der **Bundesrat** als Repräsentativorgan der Einzelstaaten das höchste Reichsorgan und sollte auf die Souveränität der in ihm zusammengeschlossenen Monarchen verweisen. Die Einzelländer übten nur die Staatsgewalt des Reiches in ihren Gebieten aus. Das Reich war somit kein Staatenbund, der vergleichbar dem ehemaligen Deutschen Bund aus autonomen Einzelstaaten bestand, sondern ein Bundesstaat. Den Vorsitz im Bundesrat besaß der Ministerpräsident Preußens, der zugleich Reichskanzler und preußischer Außenminister war – Bismarck.

Der **Kaiser** war die monarchische Spitze des Reiches. Die Monarchie war an die Verfassung gebunden, insofern war sie konstitutionell. Der

1875
Sozialistische Arbeiterpartei Deutschlands

1890
Umbenennung in SPD

Reichskanzler stützte sich allein auf das Vertrauen des Kaisers. Er war weder dem Reichstag verantwortlich, noch konnte er von diesem entlassen werden. Die Verfassung legte fest, dass Kaiser und Reichskanzler gemeinsam die Richtlinien der Politik bestimmten. Der **Reichstag** als gewählte Volksvertretung war das demokratische Element der Verfassung.

Die Reichsverfassung 1871

Deutscher Kaiser (preußischer König)

Oberbefehl über Streitkräfte — Völkerrechtliche Vertretung

ernennt, entlässt	beruft ein	beruft ein, löst auf
Reichskanzler	**Bundesrat**	**Reichstag**
§ Initiative	§ Initiative	§ Zustimmung
• ernennt, entlässt Staatssekretäre • Vorsitz Bundesrat • zugleich preuß. Ministerpräsident	• 25 Bundesstaaten • 58 Stimmen, davon 17 aus Preußen • preuß. Vetorecht • große Autonomie der Bundesstaaten (Reservatrechte: Militär, Steuer, Post)	Budget-Bewilligung 1 Abg.: 50 000 Ew. Wahlen: • allgemein, gleich, geheim, direkt • Männer > 25 Jahre • alle 5 Jahre

Die Verfassung genügte nur bedingt den Anforderungen eines modernen Industriestaats. Die einzelstaatlichen Rechte (Reservatrechte) erschwerten eine einheitliche Gesetzgebung. Das Reich verfügte nur über Einnahmen aus indirekten Steuern, Zöllen und einer Umlage der Einzelstaaten („Matrikularbeiträge"). Gegenüber den Verfassungen einzelner Länder war die Reichsverfassung im Hinblick auf das **Wahlrecht** allerdings sehr fortschrittlich.

Das gewählte Parlament hatte nur geringe Gesetzgebungsbefugnisse und der Reichskanzler war ihm nicht verantwortlich. Da weder Koalitionen erforderlich waren oder Parteien zur Bildung einer Mehrheit Kompromisse finden mussten, weist die Verfassung ein **Demokratiedefizit** auf. So konnten sich parlamentarische Prinzipien weder innerhalb der Parteien noch in der Bevölkerung bilden oder festigen.

März 1871	*April 1871*	*1871–1890*
1. Reichstagswahlen	*Reichsverfassung tritt in Kraft*	*Reichskanzler Bismarck*

1.2 Die wirtschaftliche Entwicklung

Die Gründerjahre (1871–1873)

Die ersten Jahre nach der Reichsgründung standen im Zeichen eines nachhaltigen **wirtschaftlichen Aufschwungs.** Ursachen waren neben der Euphorie über Sieg und Reichsgründung französische Reparationszahlungen: Fünf Milliarden Goldfranken flossen bis 1873 dem deutschen Kapitalmarkt zu. Außerdem vereinfachte der Abbau weiterer Zollschranken den Handel. Finanz- und wirtschaftstechnische Maßnahmen des Staates, wie Reichsgewerbefreiheit, einheitliche Handelsgesetzgebung, Währung, Maße und Gewichte, förderten zusätzlich das wirtschaftliche Zusammenwachsen. Gleichzeitig stieg die Nachfrage nach Konsumgütern nicht zuletzt aufgrund des **Bevölkerungszuwachses,** was die Produktion erhöhte, dann aber auch zu Preiserhöhungen führte.

Industrie, Eisenbahnbau, Banken, Handel sowie das Baugewerbe expandierten besonders stark. Ausdruck des Booms war die Gründung von **Aktiengesellschaften,** die sich nicht alle durch Seriosität auszeichneten. Das Spekulationsfieber heizte den Aufschwung zusätzlich an.

Der Gründerkrach

Die Zahlungsunfähigkeit einer Berliner Bank leitete im Oktober 1873 den Zusammenbruch von Banken, Aktiengesellschaften und Spekulationsunternehmen ein. Dieser **„Gründerkrach"** hatte nach einer Phase überhitzter Konjunktur vor allem negative psychologische Auswirkungen. Diese bekamen neben den **Liberalen,** deren freizügiger Wirtschaftsauffassung man das Spekulationsfieber anlastete, vor allem die **Juden** zu spüren. In deren „Bereicherungssucht" sah man einen Grund für die Wirtschaftskrise. Der Antisemitismus entwickelte bereits im Kaiserreich Wurzeln. Weitere Folgen waren:

- Unter dem Druck billiger Nahrungsmittelimporte forderten die deutschen Getreideproduzenten („Agrarier") die Wiedereinführung von Zöllen zum Schutz der einheimischen Produktion.
- Eisen-, Stahl- und Textilproduzenten organisierten sich in Interessensverbänden („Centralverband Deutscher Industrieller", 1876).
- Die Interessen der Arbeitnehmer wurden durch Genossenschaften, Vereine und Gewerkschaften artikuliert.
- Schutzzölle auf ausländisches Roheisen und Getreide (1879) lösten auf Druck der Verbände die bisherige liberale durch eine **protektionistische Wirtschaftspolitik** ab.

1871–1873	1873	1879
„Gründerjahre"	*„Gründerkrach"*	*Schutzzollpolitik*

1.3 Die Gesellschaft im Kaiserreich

Mit der Industrialisierung veränderte sich die sozioökonomische Struktur Deutschlands. Die Bevölkerung wuchs ab 1870 um fast 60 % auf 65 Millionen, der Anteil der Stadtbevölkerung stieg auf 60 %. Das Bruttosozialprodukt stieg von 4,9 (1886) auf 16,1 Milliarden Reichsmark (1913), das Pro-Kopf-Einkommen verdreifachte sich zwischen 1851 und 1913.

Der Wandel von ehemals agrarisch geprägten Lebensformen zur **modernen bürgerlichen Gesellschaft** erfasste alle Ebenen von Staat und Gesellschaft. Traditionen verloren zugunsten einer säkularisierten, individualisierten und mobilen Lebensführung an Bedeutung. Partikulare Interessen organisierten sich in Parteien und Verbänden, alle Bereiche der Verwaltung erlebten eine Bürokratisierung und Rechtsbindung ihres Handelns. Der Staat wandelte sich allmählich vom passiven „Nachtwächter"- zum Sozialstaat. Die Modernisierung erfasste auch Kultur und Bildung bis hin zur Kommerzialisierung der Kunst.

Die gesellschaftliche Gliederung Deutschlands

Das System war dagegen darauf ausgerichtet, überkommene Machthierarchien zu verteidigen. Dabei verbanden sich die Interessen von Großindustrie und -landwirtschaft zur Allianz gegen Liberalismus und Sozialdemokratie. Daher war die Gesellschaft des Kaiserreichs bei allem Fortschrittsoptimismus eine **Klassengesellschaft**, die die Lebenschancen großer Bevölkerungsteile erheblich einschränkte und ihre politische Partizipation verhinderte:

Der **Adel** (ca. 1 % der Bevölkerung) stellte den größten Teil der Großgrundbesitzer („ostelbische Junker") und bekleidete administrative, militärische und politische Führungspositionen. Das preußische Dreiklassenwahlrecht sowie die Abhängigkeit der Landarbeiter und Bauern sicherten ihm die Mehrheit in den Ersten Kammern der Landtage.

Das **Groß- und Besitzbürgertum**, ursprünglich Vorkämpfer des liberalen Gedankens, verfügte über größere Einkommen als der Adel und orientierte sich an dessen Lebensstil. Vor allem die wirtschaftliche Elite der Industriellen grenzte sich vom übrigen Bürgertum (ca. 9 % der Bevölkerung) gesellschaftlich ab. Beide zeigten eine gegenüber dem Staat loyale und konservative Einstellung. Nur das Bildungsbürgertum (z. B. Akademiker) blieb liberalen Grundsätzen treu.

1870–1914
Bevölkerungsanstieg auf 65 Millionen

1886–1913
Verdreifachung des Bruttosozialprodukts

ab 1867
Wandel von der Agrar- zur Industriegesellschaft

Angestellte, **Handwerker**, **Bauern**, untere und mittlere **Beamte** bildeten die untere Mittelschicht (ca. 30 % der Erwerbstätigen). Sie war staatstreu und aufstiegsorientiert.

Die **Arbeiterschaft** (55 % der Erwerbstätigen) wurde im Zuge der Sozialistenverfolgung durch die SPD und die Arbeitervereine politisiert. Am Arbeitsplatz herrschte straffe Disziplin mit Arbeitszeiten von 10–12 Stunden bei einer 6-Tage-Woche. In weltanschaulich geprägten separaten Organisationen, wie den Gewerkschaften, fanden die Arbeiter eine politische und soziale Heimat, ihr „Milieu". Ebenso wie bei den Katholiken beeinträchtigte die politische Ausgrenzung im Kaiserreich ihre Toleranz und Kooperationsfähigkeit. Die von Kaiser Wilhelm II. angestrebte Versöhnung des Staates mit der Arbeiterklasse kam nicht zustande. Bismarcks Kampf gegen die Sozialdemokratie trotz der Sozialgesetzgebung begründete die dauerhaft ablehnende Haltung der meisten Arbeiter zum Staat.

Ebenso wurden andere **Minderheiten** im Reich benachteiligt. Trotz der völligen Emanzipation der jüdischen Bevölkerung seit 1871 stieg der Antisemitismus wieder an. Polen, Dänen und Elsässern wurde Deutsch als Unterrichts- und Amtssprache verordnet.

Insgesamt blieb die Gesellschaft des Kaiserreichs trotz zunehmender Erwerbstätigkeit der **Frauen** patriarchalisch dominiert. Die Zulassung zum Studium (1900) war ein erster Erfolg der Frauenbewegung (z. B. Helene Lange, Clara Zetkin). Die politische Gleichstellung der Frauen erfolgte erst nach 1918.

Militarismus und Nationalismus

Während der Regierungszeit Wilhelms II. (1888–1918) wurde das Militär zum Leitbild der Gesellschaft. Uniformen beherrschten den Alltag, sogar zivile Beamte und Minister trugen sie bei öffentlichen Anlässen. Der deutsche Aufstieg zur Weltmacht führte dazu, dass alles Militärische in den Mittelpunkt jeden gesellschaftlichen Ereignisses rückte. Offiziere bildeten eine bewunderte und privilegierte Kaste. Der militärische Rang bestimmte das gesellschaftliche Leben, sodass jeder Zivilist in gehobener Stellung erst dann ein angesehener Mann war, wenn er „gedient" hatte. Die Armee fungierte als „Schule der Nation". Militärischer Geist und widerspruchsloses **Obrigkeitsdenken** wirkten in allen Bevölkerungskreisen. Überzogener Patriotismus und **nationalistisches Gehabe** führten auch zur Gründung des einflussreichen nationalistisch-antisemitischen Alldeutschen Verbandes (1891).

1888–1918	1891	1900	1919
Wilhelm II.	*Alldeutscher Verband*	*Zulassung von Frauen an der Universität*	*Frauenwahlrecht*

1.4 Bismarck als Reichskanzler

Bismarcks Staatsverständnis stammte aus der monarchisch-vorindustriellen Zeit und ließ ein klares Zukunftskonzept vermissen. Seine Politik galt immer in erster Linie der Erhaltung der preußischen Monarchie und der diese stützenden Gruppen: Adel, Militär und Beamtenschaft. In den Parteien sah er Vertreter partikularer Tendenzen, die dem Staatsinteresse schaden. Er spitzte innenpolitische Konflikte zu, stigmatisierte Minderheiten und benutzte die unterschiedlichen Parteiinteressen für seine Zwecke, indem er mit wechselnden Mehrheiten zwischen den Parteien eine **„Schaukelpolitik"** betrieb. Ohne sich festlegen zu müssen, gelang ihm mit diesem „System der Aushilfen" die konservative Stabilisierung des Staates.

Kulturkampf und liberale Ära

Auslöser des ersten großen innenpolitischen Konflikts war die Forderung des Zentrums nach Unterstützung des Kirchenstaats und des Papstes, der die Trennung von Staat und Kirche und die Glaubensfreiheit verurteilte. Bismarck sah im Zentrum eine Koalition der Gegner der kleindeutschen Reichsgründung aus Katholiken, Welfen, Polen und Elsässern. Der **„Kulturkampf"** bestand aus Sanktionen gegen den Katholizismus:

- Kanzelparagraph (1871): Strafandrohung für Geistliche, die in Predigten den „öffentlichen Frieden gefährden";
- Preußisches Schulaufsichtsgesetz (1872): staatliche Kontrolle unterrichtender Geistlicher;
- Verbot des Jesuitenordens (1872);
- „Maigesetze" (1873): staatliche Kontrolle der Theologenausbildung;
- Einführung der Zivilehe (1874/75) in Preußen und im Reich.

Trotz der Repressalien erzielte das Zentrum Stimmenzuwächse und wurde bis 1890 zur stärksten Reichstagsfraktion.

In dieser Phase, der **liberalen Ära** (1871–79), arbeiteten die Nationalliberalen mit Bismarck zusammen. Liberale Gesetzesvorhaben (z. B. die Reichsgewerbeordnung), Kompromisse beim Strafgesetzbuch (1871), im Heereskonflikt (1874), in der Strafprozessordnung (1877) und beim Reichspressegesetz (1874/75) sind Ausdruck dieser Kooperation. Der Wechsel von der Freihandels- zur Schutzzollpolitik beendete die politische Zusammenarbeit mit den Nationalliberalen.

1871–1879	1872	Juni/Juli 1878
Kulturkampf	*Dreikaiserbündnis*	*Berliner Kongress*

Bismarcks Kampf gegen die Sozialdemokratie

Die Sozialdemokratie, kurz nach der Reichsgründung eine eher schwache politische Kraft, war in den Augen Bismarcks ein Hauptfeind des Reiches. Er versuchte durch staatliche Lösungsansätze der Sozialen Frage auf der einen und Verfolgung und Unterdrückung der politischen Organisation SPD auf der anderen Seite einen Keil zwischen Arbeiter und Partei zu treiben.

Mit dem **„Sozialistengesetz“** (1878, bis 1890 in Kraft) wurden alle sozialdemokratischen Vereine, Versammlungen und Publikationen, aber nicht die Partei selbst verboten. Das Gesetz hatte keinen durchschlagenden Erfolg. Die SPD verlagerte ihre Parteiaktivitäten ins Ausland und verbuchte bei den Wahlen wachsende Erfolge (1878: 7,5 %; 1890: 19,7 %; 1912: 34,8 %). Sie wurde 1912 stärkste Partei im Reichstag.

Bismarcks Außenpolitik

Um Deutschlands Aufstieg zur europäischen Großmacht abzusichern, verfolgte Bismarck zwei Hauptzielrichtungen:

- Dem Ausland zu verdeutlichen, dass **Deutschland „saturiert“** sei, also keine weiteren Gebietsansprüche stelle und niemanden bedrohe;
- **Frankreich** die Möglichkeit zur Revanche zu nehmen, es **isoliert zu halten** und eine Zwei-Fronten-Konstellation zu verhindern.

Da Russland einen Präventivschlag gegen Frankreich nicht tolerieren würde, bildete Bismarck eine Koalition mit Österreich-Ungarn und Russland (Dreikaiserbündnis, 1872) und balancierte dazu den russisch-österreichischen Gegensatz auf dem Balkan aus (Berliner Kongress, 1878). Aber aufgrund der unüberbrückbaren russisch-österreichischen Gegensätze gab er die Rolle als „ehrlicher Makler“ internationaler Konflikte auf. Für die Frontstellung gegen Frankreich erweitert er den Zweibund mit Österreich (1879) unter Einschluss Italiens zum **Dreibund** (1882) und ergänzte ihn durch ein geheimes **Neutralitätsabkommen mit Russland** (1887). Um eine Konfrontation mit England zu vermeiden, verzichtete Bismarck auf deutschen Kolonialbesitz.

Das von Bismarck geschaffene Bündnissystem sicherte den europäischen Frieden letztlich bis zum Ausbruch des Ersten Weltkriegs. Erst das „persönliche Regiment“ Wilhelms II. mit der einseitigen Bindung an Österreich-Ungarn nach 1890 führte Deutschland in die außenpolitische Isolation.

Oktober 1878	1879	1882	1887
Sozialistengesetz	*Zweibund*	*Dreibund*	*Rückversicherungsvertrag*

1.5 Der Zerfall des Bismarck'schen Bündnissystems

Im „**Dreikaiserjahr**" 1888 bestieg Wilhelm II. nach dem Tod Wilhelms I. und Friedrichs III. den Thron. Grundsätzliche Differenzen mit **Bismarck** über die Sozial- und Außenpolitik führten 1890 zu dessen **Entlassung**. Seine Nachfolger verließen, den Vorstellungen des neuen Kaisers folgend, den Kurs maßvoller Außenpolitik und betrieben eine aggressive Weltmachtpolitik.

Der Wilhelminismus

Der Regierungsstil des politisch unerfahrenen und persönlich ungefestigten Wilhelm II. war gekennzeichnet durch Prunksucht und Sprunghaftigkeit. Berater und Freunde, die häufig die Meinung rivalisierender Interessensverbände vertraten, sowie starke Persönlichkeiten (z. B. General Ludendorff, Admiral Tirpitz) hatten großen Einfluss auf seine Entscheidungen. Unter Wilhelm II. wurde die deutsche Politik unstet und unberechenbar. Unklar bleibt, ob der Kaiser die Schlüsselfigur des Systems war, dessen Entscheidungen, sein **„persönliches Regiment"**, Regierung und Parlament vor vollendete Tatsachen stellten, oder ob er nur die „hohle" Attrappe einer reaktionär autoritären Führungsschicht gewesen ist.

Deutschlands „Neuer Kurs"

Der Kurswechsel erfolgte zunächst in der Innenpolitik, um die Arbeiterschaft von der erstarkenden SPD zu trennen, allerdings ohne Erfolg. Das Sozialistengesetz wurde nicht verlängert. Eine Arbeiterschutzversicherung regelte Mindestalter und Arbeitszeiten für Kinder und Frauen.

In der Handelspolitik betrieb Reichskanzler Caprivi die Öffnung der Märkte für die deutsche Industrie und lockerte die Schutzzölle (1893).

Außenpolitisch sah Caprivi Deutschland durch das Bündnis mit Österreich-Ungarn genügend gesichert. Er verlängerte daher den Rückversicherungsvertrag mit Russland (1890) nicht und näherte sich England an (Deutsch-englischer Vertrag über die Kolonien und Helgoland, 1890).

Weltmacht- und expansive Handelspolitik bedurften nach Meinung der deutschen Führung einer starken Kriegsflotte. Admiral Tirpitz, der „Deutsche Flottenverein" und Wilhelm II. begeisterten die Öffentlichkeit für die Marine, der Reichstag bewilligte die Etatgelder. Mit dem **Flottengesetz** (1898/1900) stieg die Stärke der deutschen Kriegsmarine auf

1888	*März 1890*	*Juli 1890*	*1898/1900*
Dreikaiserjahr	*Entlassung Bismarcks*	*Annäherung an England*	*Flottengesetz*

zwei Drittel der englischen. England antwortete auf die aggressive deutsche Flottenpolitik mit dem Bau von Großkampfschiffen. Da die deutsche Führung sich wie bereits gegenüber Russland nicht auf langfristige Bündnisverpflichtungen festlegen wollte, scheiterten Verständigungsversuche mit Großbritannien (1909, 1912).

Die Frontstellung gegen Deutschland

Weltmacht- und Flottenpolitik hatten in Großbritannien und Russland wachsendes Misstrauen gegenüber Deutschland zur Folge und führten zur Verständigung mit Frankreich (ab 1890):

- Französisch-russische Militärkonvention (1892); Erweiterung zum Verteidigungsbündnis für den Fall eines deutschen Angriffs (1894);
- Französisch-englischer Ausgleich in der Faschodakrise (1898) und Einvernehmen über die Kolonialpolitik (**Entente cordiale**, 1904);
- Britisch-russischer Ausgleich (1907) nach deutscher Ablehnung von Rüstungsbegrenzung (Haager Friedenskonferenzen, 1899/1907).

Zu Beginn des 20. Jahrhunderts war nicht mehr Frankreich, sondern das Deutsche Reich außenpolitisch weitgehend isoliert. Die Regelung der Interessensphären zwischen Russland, Großbritannien und Frankreich hatte zur Frontstellung gegen das Deutsche Reich geführt, das diese Entwicklung für unmöglich gehalten und sich englisch-russischen Verständigungsversuchen verweigert hatte. Mit dem Zusammenwirken der englisch-russisch-französischen Bündnisse **(Tripelentente)** sah sich Deutschland eingekreist.

Die Achse Berlin – Wien

Österreich-Ungarn blieb als einziger verlässlicher Bündnispartner des Deutschen Reichs. Der Vielvölkerstaat war auf dem Balkan in Nationalitätenkonflikte verstrickt. Russland machte sich zum Fürsprecher des Panslawismus und Serbiens, um eigene Territorialinteressen gegenüber Österreich zu fördern.

In den **Balkankriegen** von 1912/13 konnte das Deutsche Reich noch in Zusammenarbeit mit Großbritannien Kompromisslösungen bei der Aufteilung des europäischen Herrschaftsgebietes der Türken finden. Der Balkan blieb aber ein ständiger Unruheherd, der die Existenz des österreichischen Vielvölkerstaats bedrohte. Die enge Verbindung der Mittelmächte zog das Deutsche Reich in diese Auseinandersetzungen hinein. In Berlin und Wien wuchs die Bereitschaft einer militärischen Lösung, ohne Rücksicht auf die gesamteuropäischen Auswirkungen.

1894	1904	1907	1912/13
Verteidigungsbündnis Frankreich/Russland	*Entente cordiale*	*Britisch-russischer Ausgleich*	*Balkankriege*

2 Imperialismus und Erster Weltkrieg

2.1 Imperialismus

Im letzten Drittel des 19. Jahrhunderts steigerte sich der Nationalismus der europäischen Industriestaaten zum Imperialismus. Während der Aufbau der Kolonialreiche seit dem 15. Jahrhundert langsam vorangeschritten war, vollzog sich nun ein **Wettlauf** der europäischen Mächte **um Kolonialbesitz.** Mit dem Erwerb von Rohstoffen für die heimische Produktion und der Schaffung eines Absatzgebietes für die Fertigprodukte standen zunächst wirtschaftliche Interessen im Vordergrund.

Mit der Verteilung des Kolonialbesitzes setzte zugleich ein Wettlauf um die verbleibenden Gebiete ein, der vorrangig von geostrategischen Motiven geleitet war. Weltweite Expansion war das Ziel der europäischen Nationen und gegen Ende des Jahrhunderts auch der USA und Japans.

Die militärische, wirtschaftliche und technologische Überlegenheit der Industriemächte sicherte ihre imperiale Herrschaft in den Kolonien. Geringe Militärkräfte reichten aus, um lokale Führungseliten zur Unterwerfung oder Kollaboration zu zwingen. Der Prozess der imperialen Durchdringung erfolgte auf vielfältige Art:

- Expansion privater Handelsgesellschaften (z. B. East India Company);
- Erwerb von Stützpunkten in Küstenregionen (z. B. Togo);
- Erzwungene Öffnung der Grenzen für den europäischen Markt (z. B. China);
- Erwerb und Verwaltung von Konzessionen und wirtschaftlichen Monopolen durch Finanzgesellschaften (z. B. Ägypten);
- Landnahme durch europäische Siedler in landwirtschaftlichen Gunstgebieten (z. B. Kenia).

Pseudowissenschaftliche Theorien dienten der Rechtfertigung der Aufteilung der Erde. So vertrat z. B. der **Sozialdarwinismus** das Recht des Stärkeren. Eine Variante des Nationalismus war das **Sendungsbewusstsein,** mit dem die Europäisierung der Welt begründet wurde.

Krisensituationen des Imperialismus

Die Rivalität der Großmächte führte zu Krisensituationen, die auf andere Teile der Welt und besonders Europa zurückwirkten:

1880–1914 — *Imperialismus*

1880–1900 — *Aufteilung Afrikas*

1885 — *Berliner Kongokonferenz*

- In **Afrika** lieferten sich Großbritannien und Frankreich einen Wettlauf. Mit dem Kap-Kairo-Plan sicherte Großbritannien den Seeweg nach Indien im Norden (Ägypten, Sudan) sowie im Süden (Kap-Kolonie, Rhodesien, Kenia). Frankreich hatte 1830 Algerien annektiert und dehnte seinen Herrschaftsbereich vor allem in Nord-, West- und Zentralafrika aus. Zehn Jahre nach der Berliner Kongokonferenz (1885), die Kriterien für die Anerkennung von Kolonialbesitz und den Kongo dem belgischen König zugesprochen hatte, war Afrika aufgeteilt.
- In **Asien** versuchte Großbritannien erfolgreich, Russland am Vorstoß nach Afghanistan zu hindern. Zum British Empire gehörten das Vizekönigreich Indien, Malaysia, Australien, und Neuseeland. Singapur und Hongkong wurden zu Flottenstützpunkten ausgebaut.
- In **Ostasien** erzwang Japan im russisch-japanischen Krieg (1904/05) die Herrschaft über Korea und die Mandschurei. Es stieg damit zur ostasiatischen Führungsmacht auf.
- Durch den Ausbau von Finanzprotektoraten und die Unterstützung von Unabhängigkeitsbewegungen in **Lateinamerika** lösten die USA Spanien als Hegemonialmacht ab.

Der deutsche Imperialismus

Bismarck hatte lange Kolonialpläne aus Sorge um Interessenkonflikte mit Großbritannien oder Frankreich abgelehnt. Erst 1884 wurden Besitzungen deutscher Kaufleute zu „Schutzgebieten" des Reiches erklärt:

- In Afrika: Deutsch-Südwestafrika (Namibia), Deutsch-Ostafrika (Tansania, Burundi), Togo und Kamerun;
- Im Pazifik: Nordost-Neuguinea (Papua-Neuguinea), Marshall-Inseln.

Nach Bismarcks Rücktritt setzten sich die Vertreter einer aggressiven Kolonialpolitik mit völkischen und imperialistischen Zielen durch, wie sie von der Deutschen Kolonialgesellschaft (1887) und besonders dem einflussreichen Alldeutschen Verband (1891) gefordert wurden. Wilhelm unterstrich den von Reichskanzler Bülow geforderten deutschen Anspruch auf einen **„Platz an der Sonne"**. Der Erwerb von Kiautschou und Tsingtao nach deutscher Beteiligung bei der Niederwerfung des chinesischen „Boxeraufstandes" (1900) und der Bau der Bagdadbahn im Nahen Osten (Beginn 1903) waren Ausdruck deutscher **„Weltpolitik"**.

Der Flottenbau zur Absicherung der Weltmachtpolitik berührte aber zentrale britische Interessen. In den Marokkokrisen (1905/06, 1911) war Deutschland bereits isoliert.

1887	*1891*	*1900*	*1905/1911*
Deutsche Kolonialgesellschaft	*Alldeutscher Verband*	*„Boxeraufstand"*	*Marokkokrisen*

2.2 Der Aufstieg der USA und Japans

Die USA

Die nordamerikanischen Kolonien hatten sich 1776 vom britischen Mutterland gelöst und 1783 ihre **Unabhängigkeit** militärisch durchgesetzt. Im 19. Jahrhundert erfolgte die vollständige Erschließung und Besiedlung des nordamerikanischen Kontinents bis zur Pazifikküste:

- Kauf des Louisiana-Territoriums von Frankreich (1803);
- Eingliederung von Texas (ehemals mexikanisch, 1845);
- Abtretung des mexikanischen Rio Grande-Gebietes (1848);
- Inbesitznahme des Oregon-Territoriums (1846).

Die neuen Territorien wurden als Bundesstaaten in die Union aufgenommen. Der Bau der ersten transkontinentalen Eisenbahn (1869) beschleunigte die **Besiedlung des Westens**, bei der die indianischen Ureinwohner aus ihren Stammesgebieten brutal verdrängt wurden. Mit der Besiedlung des Westens wurde der Gegensatz zwischen **Nord- und Südstaaten** immer schärfer:

- Der Norden profitierte in erster Linie von der Einwanderung aus Europa. Schnelle Industrialisierung und Städtewachstum begünstigten die Ausbildung großer Industrie- und Handelszentren (z.B. New York, Boston, Chicago, Pittsburgh, Detroit). Der Bevölkerungszuwachs durch die unterschiedlichsten ethnischen Gruppen führte zur Ausbildung einer dynamischen, offenen Gesellschaft.
- Dagegen verharrte der Süden in der von Baumwoll- und Tabakplantagen geprägten Agrarstruktur. Die Sklavenhaltung schien für den Fortbestand dieser Lebenshaltung unentbehrlich.

Im **Sezessionskrieg** (1861–65) wurden zum ersten Mal neueste technische Erfindungen eingesetzt (Eisenbahn, Telegrafie). Massenheere operierten über große Entfernungen, neue Waffentechniken verursachten hohe Menschenverluste. Nach der Kapitulation des Südens und den Jahren des Wiederaufbaus wuchsen die USA zu einem modernen Staat heran, der sich militärisch in die inneren Angelegenheiten Lateinamerikas einmischte (Monroe-Doktrin, 1823). Die atlantische Großmacht wandelte sich zur Weltmacht:

- Gemeinsames Protektorat mit anderen europäischen Mächten über die Samoainseln (1889);

1783	1823	1861–1865	1898
amerikanische Unabhängigkeit	*Monroe-Doktrin*	*Sezessionskrieg*	*Spanisch-amerikanischer Krieg*

- Unterstützung des kubanischen Aufstandes und spanisch-amerikanischer Krieg (1898): Die USA erhalten Puerto Rico, Guam und die Philippinen, Kuba wird amerikanisches Protektorat;
- Erzwungene Öffnung der japanischen Häfen für den Handel.

In den europäischen Konflikten bewahrten die USA Neutralität. Der **„Isolationismus“** bedeutete die Konzentration auf den amerikanischen Kontinent und den möglichst ungehinderten wirtschaftlichen Austausch mit allen Ländern. Erst die Verletzung elementarer amerikanischer Interessen durch das Deutsche Reich im U-Boot-Krieg im Ersten Weltkrieg führte zum Kriegseintritt der USA aufseiten der Entente.

Japan

Japan hatte sich lange vor fremden Einflüssen abgeschottet und die traditionelle feudalistische Gesellschaftsstruktur vor Veränderungen bewahrt. 1853/54 erzwang die amerikanische Flotte die Öffnung von Häfen für den Handelsverkehr (Vertrag von Kanagawa) und mit einer „Reform von oben“ den Wandel zu einer modernen Großmacht (Abschaffung des Feudalsystems, Einführung der konstitutionellen Monarchie (1889).

In Ostasien etablierte sich Japan auf Kosten Chinas und Russlands als **Hegemonialmacht:**

- Chinesisch-japanischer Krieg (1894/95): Korea, von Japan seit 1876 wirtschaftlich beherrscht, erhielt die Unabhängigkeit von China und wurde 1910 von Japan annektiert. China musste außerdem Formosa (Taiwan), die Halbinsel Liaotung und einige Inseln abtreten, erhielt sie nach Einspruch europäischer Mächte aber zurück.
- Russisch-japanischer Krieg (1904/05): Japan, seit 1902 mit Großbritannien verbündet, besiegte Russland (Seeschlacht bei Tsushima, 1905), das die mandschurische Küste annektiert hatte. Im Frieden von Portsmouth musste Russland nach amerikanischer Vermittlung zugunsten Japans auf Korea, Liaotung und den Südteil von Sachalin verzichten. Es behielt nur die nördliche Mandschurei.
- Stationierung von Truppen in der chinesischen Provinz Kwantung (1907), Ausbau zur unabhängigen Kwantung-Armee (1919).

Nach der Besetzung der Mandschurei (Gründung von Mandschukuo, 1932) und dem chinesisch-japanischen Krieg (1937) war Japan die Führungsmacht Asiens. Die weitere Verwirklichung seiner Großmachtpläne führte zum Angriff auf die USA (1941).

1904/05	1937	1941
Russisch-japanischer Krieg	*Chinesisch-japanischer Krieg*	*Pearl Harbor*

2.3 Julikrise und Kriegsausbruch 1914

Imperialistische Weltmachtpolitik, Flottenbau und Balkankrisen hatten die latente Kriegsbereitschaft verstärkt. Als der österreichische Thronfolger Erzherzog Franz Ferdinand und seine Frau durch einen serbischen Freischärler am 28. 6. 1914 in Sarajewo ermordet wurden, schien es nur folgerichtig, dass aus einer weiteren Balkankrise ein Krieg entstand, von dem sich vor allem Deutschland und Österreich-Ungarn eine Lösung ihrer Probleme, ein Ende der „Einkreisung" versprachen.

Das militärische Kalkül des Deutschen Reiches 1914

Die Militärplanungen des Großen Generalstabes gingen von einem **Zweifrontenkrieg** aus. Die Strategie des Generalstabchefs Schlieffen sah bei einem drohenden Krieg gegen Frankreich und Russland zugleich vor, die Entscheidung in einem überfallartigen Angriff zuerst im Westen zu suchen, um anschließend dem russischen Aufmarsch im Osten zu begegnen. Eine Verletzung der belgischen Neutralität und damit der Kriegseintritt Großbritanniens wurden in Kauf genommen.

Um den **Schlieffenplan** anwenden zu können, drängten die Militärs darauf, den Krieg so früh und so überraschend wie möglich zu beginnen und Frankreich in einer schnellen Entscheidungsschlacht zu besiegen. Vermittlungsversuche hatten in der Julikrise daher von vornherein kaum Aussicht auf Erfolg.

Der Weg in den Krieg

Das **Attentat von Sarajewo** machte alle Hoffnungen zunichte, einen Ausgleich durch eine föderalistische Reform innerhalb des Vielvölkerstaats herzustellen und den slawischen Bevölkerungsgruppen Gleichberechtigung zuzugestehen.

In der **Julikrise** wurde aus dem Attentat ein europäischer Krieg, da die deutsche Führung Österreich für alle Fälle Unterstützung zusicherte **(„Blankoscheck")**. Als die österreichische Regierung gegenüber Serbien auf Konfrontationskurs ging, war sie sich der deutschen Unterstützung sicher. Darauf setzte eine Reihe gegenseitiger Ultimaten der Großmächte ein, die schließlich zu einem im Bündnissystem liegenden Automatismus von gegenseitigen Kriegserklärungen führten. Wilhelm II. und die deutschen Militärs waren nicht bereit, den Bündnismechanismus zu stoppen und den Konflikt auf die Balkanregion zu begrenzen. Sie sahen in der russischen Mobilmachung eine Gefahr für die erfolgreiche Umsetzung

28. 6. 1914	6. 7. 1914	Juli/August 1914
Attentat von Sarajewo	*„Blankoscheck"*	*wechselseitige Kriegserklärungen*

des Schlieffenplans und glaubten ihren Gegnern durch schnelles Handeln zuvorkommen zu müssen.

Kriegsbeginn und Kriegsziele

In allen Ländern Europas war der Krieg eine nationale Angelegenheit: Überall meldeten sich Freiwillige, um für die gerechte Sache zu kämpfen. Auch in Deutschland herrschten nationale Begeisterung, Pathos und Opferbereitschaft. Zur Bewilligung der Kriegskredite, die für die Finanzierung der Rüstung und des Heeres notwendig wurden, schlossen die Parteien im August 1914 einen **„Burgfrieden"**, das heißt, alle inneren Streitigkeiten wurden zurückgestellt.

Alle Kriegsparteien gingen bei ihren **Kriegszielen** selbstverständlich von einem schnellen und triumphalen Sieg aus. Die beiden Kontinentalmächte Frankreich und Deutschland wollten den Gegner dauerhaft schwächen:

- In **Deutschland** war die öffentliche Diskussion über die Kriegsziele zunächst untersagt, um den inneren Frieden nicht zu gefährden. Ab 1916 setzte die Debatte über die weitgehenden Forderungen vor allem des Alldeutschen Verbandes ein. Sie zielten auf eine Annexion des Erzgebiets von Briey, von Luxemburg und landwirtschaftlicher Nutzflächen im Osten, die Umwandlung Belgiens in einen Vasallenstaat und hohe Reparationen. Nur die SPD hielt an einem Verständigungsfrieden fest. Sie lehnte die Bewilligung weiterer Kriegskredite ab, der „Burgfriede" zerbrach.
- **Frankreich** zielte auf die Rückgabe Elsass-Lothringens, die Freigabe Belgiens, die Annexion linksrheinischer Gebiete und des Saargebiets; Österreich-Ungarn sollte in mehrere Nationen aufgeteilt werden.
- **Großbritannien** forderte die Wiederherstellung Belgiens, die Zerstörung der deutschen Flotte und die Übernahme der deutschen Kolonien. Deutschland sollte geschwächt, aber als Kontinentalmacht erhalten bleiben.
- Die **USA** blieben in diesem europäischen Konflikt vorerst neutral und traten erst 1917 aufseiten der Entente in den Krieg ein (s. S. 52). 1918 legte US-Präsident Wilson mit den **„14 Punkten"** ein weit reichendes Programm zur Friedenssicherung vor, dessen zentrale Inhalte territoriale Unversehrtheit, Rüstungsbeschränkung, Selbstbestimmungsrecht der Völker und Schaffung eines Völkerbundes als internationale Schiedsinstanz waren.

August 1914 — *Burgfrieden*

1918 — *„14 Punkte" Wilsons*

2.4 Der Erste Weltkrieg

Der Kriegsverlauf

Im Krieg standen die **Mittelmächte** des Dreibunds Deutschland, Österreich-Ungarn und Italien (später Türkei und Bulgarien) den **Ententemächten** Russland, Frankreich, Großbritannien, Serbien (später Italien, Rumänien, die USA und Japan) gegenüber.

Um einen drohenden Zweifrontenkrieg zu vermeiden, setzte die deutsche Heeresführung den **Schlieffenplan** ein. Die französischen Grenzbefestigungen sollten durch den Vorstoß durch das neutrale Belgien umgangen und Paris eingeschlossen werden. Durch den erwarteten Sieg im Westen frei werdende Truppen sollten dann mit dem Zug an die bis dahin nur defensiv verteidigte Ostfront gebracht werden.

Die Risiken lagen zum einen darin, Frankreich wirklich schnell zu schlagen und zum anderen in der Annahme, England würde auf die Verletzung der belgischen Neutralität nicht mit dem Kriegseintritt reagieren.

Bereits sechs Wochen nach Kriegsbeginn war klar, dass der Plan gescheitert war: An der **Westfront** erstarrte der Bewegungskrieg zu einem Stellungskrieg mit Schützengräben und minimalen Landgewinnen. Groß angelegte Offensiven der Alliierten bzw. der Deutschen **(„Materialschlachten")** scheiterten. 1916 fielen in den monatelangen Kämpfen um die Festung von Verdun oder beim britisch-französischen Durchbruchsversuch an der Somme jeweils etwa 700 000 Soldaten, ohne dass der Krieg entschieden wurde. Diese Kämpfe wurden zum Symbol der Materialschlachten und der Sinnlosigkeit des Krieges.

Im **Osten** gelang es General Hindenburg in der Schlacht von Tannenberg (1914) in Ostpreußen die Russen wieder zurückzudrängen. In den folgenden Offensiven hatten die Mittelmächte zwar Erfolg (Russland musste 1915 Galizien, Polen und Kurland räumen, Serbien wurde erobert), konnten aber keine kriegsentscheidende Wende erzwingen. In den „Brussilow-Offensiven" (1916) siegten die russischen Truppen gegen Österreich und marschierten in das Habsburger Reich ein. Auch hier wurde der Bewegungskrieg immer mehr zu einem Stellungskrieg.

Der Seekrieg

Der Seekrieg war in erster Linie ein deutscher **U-Boot-Krieg**. Die Hochseeflotte schien zu kostbar, um sie in einer Entscheidungsschlacht aufs Spiel zu setzen. Zudem erwies sich die Flottenrüstung nachträglich als

1914	August 1914	1914–1918	1915
Schlieffenplan scheitert	*Tannenberg*	*Stellungskrieg im Westen*	*Landgewinne im Osten*

finanzielle und strategische Fehlinvestition. Daher versuchte die deutsche Seekriegsleitung, die von England verhängte Handelsblockade mit U-Booten zu durchbrechen. Feindliche Kriegs- und Handelsschiffe wurden ohne Warnung angegriffen (uneingeschränkter U-Boot-Krieg). Trotz hoher Versenkungsziffern konnten aber die Transporte zur See nicht unterbunden und England nicht besiegt werden.

Nach dem **Kriegseintritt der USA** (1917) gelangten daher die amerikanischen Truppentransporte weitgehend ungehindert nach Europa. Die personelle und materielle Überlegenheit der Ententemächte brachte die Wende des Krieges.

Stellungskrieg und Materialschlachten

Die Begeisterung, mit der die Soldaten und Freiwilligen in den Krieg gezogen waren, beruhte auf dem Glauben an eine gerechte Sache und einen schnellen Sieg. Mit dem Scheitern des deutschen Bewegungskrieges in Nordfrankreich erstarrten die Kampfhandlungen auf einer Länge von 700 km von der belgischen Küste bis zur schweizerischen Grenze.

Ein Schützengrabensystem verband die Stellungen und stellte die rückwärtigen Verbindungen sicher. Es war nur mit dem massiven Einsatz schwerster Artilleriewaffen zu durchbrechen. In solchen Durchbruchsschlachten wurden die Grabensysteme niedergewalzt und für den nachfolgenden Infanterieangriff sturmreif geschossen. In diesen Grabenkämpfen wurden zum ersten Mal Handgranaten, Maschinengewehre und **Giftgas** eingesetzt. Trotz der **immens hohen Verluste** war keine Seite zur Änderung ihrer Taktik in der Lage. Auch der erste Einsatz von Panzern, die anfänglich als „Wunderwaffe“ galten, brachte keine Wende. Die Kampfgebiete boten am Ende des Krieges ein Bild der Verwüstung und Zerstörung.

Es gelang den Mittelmächten trotz der Mobilisierung der **Zivilbevölkerung** in der Heimat nicht, das Übergewicht der Entente auszugleichen. Die Entbehrungen des Krieges griffen im Gegenteil auch auf das Deutsche Reich über („Steckrübenwinter“).

Der Erste Weltkrieg ist durch einen bis dahin nicht gekannten, unvorstellbaren Einsatz an Waffen gekennzeichnet. In diesem Krieg gewann die Seite die Oberhand, die über die größeren Reserven an Material und ausgebildeten Soldaten verfügte. Durch die **Technisierung** hat der „Große Krieg“ eine neue Dimension des Krieges im industriellen Zeitalter geschaffen. Seine wirtschaftlichen, politischen und gesellschaftlichen Folgen machen ihn zur **„Urkatastrophe“** des 20. Jahrhunderts.

Februar–Dezember 1916	Juni 1916	1917
Verdun	„Brussilow-Offensiven“	Kriegseintritt der USA

2.5 Das Epochenjahr 1917

Der europäische Krieg weitete sich mit dem Eintritt der USA zu einem **Weltkrieg** aus und verknüpfte für das gesamte 20. Jahrhundert die europäische Politik mit der amerikanischen. Die **Februar-Revolution** in Russland stürzte die zaristische Herrschaft und war der erste Schritt auf dem Weg zum Sieg des Bolschewismus. 1917 traten die beiden antagonistischen Ideologien, die das 20. Jahrhundert prägten, zum ersten Mal als gestaltende politische Ideen in Erscheinung.

Der Kriegseintritt der USA

Die USA hatten sich im europäischen Krieg 1914–1917 neutral verhalten. US-Präsident Wilson bot Vermittlerdienste an, aber die öffentliche Meinung votierte für die Entente, Kredite wurden nur an Großbritannien vergeben. Als Folge des uneingeschränkten U-Boot-Krieges brachen die USA die diplomatischen Beziehungen zum Deutschen Reich ab und traten aufseiten der Entente am 6. 4. 1917 in den Krieg ein. Dennoch plädierte Wilson für einen Verständigungsfrieden. Seine Angebote, auch die **„14 Punkte"** vom Januar 1918, ließ die deutsche Führung unbeantwortet. Erst nach dem Scheitern der Frühjahrsoffensive 1918 war das Deutsche Reich zu Verhandlungen bereit. Wilson gelang es, in den Friedensverhandlungen gegenüber den Verbündeten eine etwas gemäßigtere Behandlung Deutschlands durchsetzen.

Der Kriegseintritt der USA entschied den Ersten Weltkrieg. Das amerikanische Wirtschaftspotenzial glich die französischen und britischen Verluste aus. Über 1 Million amerikanische Soldaten kamen an der Westfront zum Einsatz.

Die russische Februar-Revolution

Russland war die rückständigste Großmacht Europas. Die Industrialisierung hatte bisher nur wenige Bereiche der Wirtschaft erfasst. Miss- und Mangelwirtschaft herrschten. Zudem war das **veraltete Agrarsystem** nicht in der Lage, die wachsende Bevölkerung ausreichend mit Nahrung zu versorgen. Die **feudale Gesellschaftsstruktur** begünstigte außerdem einseitig die adlige Bevölkerungselite und beließ die Bauern in Abhängigkeit und Not.

6. 4. 1917 — *Kriegseintritt der USA*

März 1917 — *Februarrevolution in Rus*

Bereits infolge des russisch-japanischen Krieges war es zum Aufstand in St. Petersburg gekommen, der gewaltsam niedergeschlagen wurde. Die **Duma**, ein Zugeständnis des Zaren, war eine rechtlose Volksvertretung, in der Konservative, Bürgerliche und Bauernvertreter (Sozialrevolutionäre) die Mehrheit stellten. Die Arbeiterpartei war in der Minderheit. Sie war gespalten in gemäßigte Menschewiki („Minderheit") und radikale **Bolschewiki** („Mehrheit").

Die Unfähigkeit der russischen Führung und die hohen Kriegsverluste verstärkten die politischen Spannungen und die allgemeine Kriegsmüdigkeit. Im Februar 1917 brach die Versorgung von Heer und Bevölkerung zusammen, die **Revolution** begann:

- Friedliche Friedens- und Hungerdemonstrationen wurden auf Befehl von Zar Nikolaus II. niedergeschossen;
- Meuterei der Garnison von St. Petersburg. Die Duma beauftragte ein Provisorisches Komitee mit der Regierungsbildung. Arbeiter- und Soldatenräte (Sowjets) wählten ein Exekutivkomitee;
- **Abdankung des** Zaren Nikolaus II.

Arbeiter-, Soldaten- und Bauernräte **(Sowjets)** bildeten den Allrussischen Sowjetkongress, die Volksvertretung, in dem Menschewiki und Sozialrevolutionäre die Mehrheit hatten. Angesichts des Machtvakuums hätte der Sowjet von St. Petersburg die Macht an sich reißen können. Er beließ es aber dabei, der Provisorischen Regierung Handlungsgrundsätze vorzuschreiben. Diese **„Doppelherrschaft"** von Petrograder Sowjet und Provisorischer Regierung prägte die Phase nach der Februar-Revolution.

Die Provisorische Regierung Kerenskijs wurde gestützt durch liberale und gemäßigt konservative Parteien. Sie führte den Krieg aufseiten der Entente weiter. Im Inneren war sie nicht in der Lage, die Lebensmittelversorgung zu verbessern, die Nationalitätenfrage zu lösen und eine Agrarreform durchzuführen.

Im April 1917 traten Menschewiki und Sozialrevolutionäre in die Regierung ein. Da sie den Forderungen der Arbeiter und Soldaten nach Brot und Frieden nicht entsprachen, waren auch sie vom Vertrauensverlust der Regierung betroffen und verloren Anhänger.

Nur die Bolschewiki vertraten weiterhin die radikalen Forderungen nach „Frieden – Land – Brot" und damit die zentralen Wünsche der Bevölkerung.

Januar 1918 — *„14 Punkte"*

1918 — *Friedensverhandlungen*

2.6 Die russische Oktoberrevolution und die Gründung der UdSSR

Die russische Februar-Revolution hatte nicht die geforderten Reformen und die Beendigung des Krieges gebracht. Der Führer der Bolschewiki, Lenin, forderte in den **„Aprilthesen"** „Alle Macht den Sowjets", eine Umverteilung des Bodens, die Nationalisierung von Grundbesitz und Banken sowie sofortigen Frieden. Die Bolschewiki setzten sich in einem Streik im Juli 1917 an die Spitze des Protestes, erlitten allerdings eine Niederlage. Ihre Partei wurde verboten. Aber im August benötigte Kerenskij ihre Hilfe bei der Niederschlagung eines Militärputsches.

Die Oktober-Revolution

Lenin drängte nun in den Parteigremien zum Aufstand:

- 10.10.: Das Zentralkomitee der Bolschewiki beschloss in geheimer Sitzung die **bewaffnete Machtübernahme**;
- 22.10.: Trotzkij wurde Vorsitzender des Petrograder Sowjet und seines Militärrevolutionären Komitees;
- 25.10.: Arbeiter und Soldaten besetzten alle wichtigen Gebäude in St. Petersburg **(„Sturm auf das Winterpalais")** und verhafteten die Regierung. Der 2. Allrussische Sowjetkongress billigte den Umsturz;
- 26.10.: Dekrete über die Enteignung des Gutsbesitzes, seine Übertragung an die Bauern und ein Friedensangebot; Bildung einer Provisorischen **Arbeiter-und-Bauern-Regierung** (Rat der Volkskommissare) durch Lenin;
- 2.11.: Wahlen für die Verfassunggebende Versammlung, Niederlage der Bolschewiki;
- 6.1.: Auflösung der Verfassunggebenden Versammlung durch den Rat der Volkskommissare.

Nach dem Scheitern von Koalitionsverhandlungen mit Menschewiki und Sozialrevolutionären erklärten die Bolschewiki die „sozialistische" Revolution mit dem Ziel, in planmäßiger Entwicklung die Gesellschaft grundlegend umzubauen. Der 3. Allrussische Volkskongress rief am 15.1.1918 die **Russische Sozialistische Sowjet-Republik aus.**

1917	Januar 1918	März 1918
Oktober-Revolution	*Russische Sowjet-Republik*	*Friede von Brest-Litowsk*

Der Frieden von Brest-Litowsk

Nur das Deutsche Reich hatte auf das russische Friedensangebot reagiert und am 15.12.1917 einen Waffenstillstand geschlossen. Als der russische Unterhändler Trotzkij den Kriegszustand für beendet erklärte, nutzten die Mittelmächte die Schwäche der revolutionären Regierung, besetzten große Teile Russlands und zwangen die sowjetische Führung zur Unterzeichnung des Friedensvertrages von Brest-Litowsk (3.3.1918):

- Anerkennung der Selbstständigkeit der Ukraine und Finnlands;
- Verzicht auf territoriale Ansprüche gegenüber Polen und dem Baltikum;
- Abtretung Armeniens an die Türkei.

Mit diesem **„Diktatfrieden"** verlor Russland 60 Millionen Einwohner und 1,42 Millionen km² seines Staatsgebiets, darunter die Weizenanbaugebiete der Ukraine sowie einen Großteil der Kohle- und Stahlindustrie. Lenin konnte den umstrittenen Friedensschluss nur durchsetzen, weil die Mittelmächte ihre Offensive fortsetzten. Er brauchte das Ende der Kämpfe, um die revolutionäre Machtübernahme im Inneren abzusichern.

Die Gründung der Sowjetunion

Seit Mai 1918 kämpften in Russland die konterrevolutionären Kräfte von Monarchisten bis Sozialrevolutionären („Weiße") gegen die bolschewistischen „Roten". Der russische **Bürgerkrieg** dauerte bis 1920, im Fernen Osten sogar bis 1922. Aufseiten der „Weißen" intervenierten Großbritannien, Frankreich, Japan und die USA. Der Sowjetstaat stand mehrfach vor dem Zusammenbruch. Den Alliierten fehlte es aber an innerer Geschlossenheit und einem gemeinsamen Reformprogramm und damit an der Unterstützung der Bevölkerung. Der Bürgerkrieg förderte die Zentralisierung und Bürokratisierung sowie die vorläufige Abkehr von der Politik der Verstaatlichung: Sozialisierung der Produktionsmittel und zentrale Wirtschaftsplanung des **„Kriegskommunismus"** (1918–1921) wurden aufgrund des Zusammenbruchs der Wirtschaft durch die **„Neue Ökonomische Politik"** (NEP: Rückkehr zur „staatskapitalistischen" Wirtschaft mit freiem Handel, privatem Unternehmertum) ersetzt. Nach dem Verbot der Fraktionsbildung innerhalb der Partei und der „Gleichschaltung" der Gewerkschaft (1921) wurde die KP durch die Geheimpolizei („Tscheka", ab 1922 GPU) unter der Leitung Stalins von kritischen Elementen „gesäubert".

1922 erfolgte die **Gründung der** Union der Sozialistischen Sowjetrepubliken **(UdSSR)** aus den Sowjetrepubliken Russland, Transkaukasien, Weißrussland und der Ukraine.

1918–1922	1918–1921	1921	1922
Bürgerkrieg	*„Kriegskommunismus"*	*NEP*	*Gründung der UdSSR*

Deutschland und Europa zwischen Demokratie und Diktatur

Der Erste Weltkrieg hatte Europa grundlegend verändert. Die Verliererstaaten empfanden die Friedensbedingungen des **Versailler Vertrags als Diktat.** Die territorialen Abtretungen, der politische Bedeutungsverlust und die wirtschaftlichen Folgen belasteten vor allem die noch junge Demokratie von Weimarer. Die Unfähigkeit des politischen Systems, die Krisen infolge des Kriegs zu bewältigen, offenbarte Schwächen der Reichsverfassung, schürte die Unzufriedenheit der Bevölkerung und führte zu einer Hinwendung zu extremen Ideologien. Die **Weimarer Republik** scheiterte nach nur knapp 15 Jahren und musste dem aufkommenden Nationalsozialismus weichen.

Nach der **Machtübertragung an Hitler** setzte das NS-Regime zu einer totalen Erfassung aller Lebens- und Politikbereiche an. Das von der Propaganda vermittelte Gemeinschaftsgefühl, die wirtschaftliche Scheinerholung durch Aufrüstung und die brutale Unterdrückung jeglicher Kritik erklären den hohen Grad an Zustimmung, den das NS-Regime erfahren hat. Im Ausland hinderten Kriegserfahrungen und Nachgiebigkeit eine frühzeitige und erfolgreiche Bekämpfung des NS-Staates. Erst als die Revision von Versailles in den Angriffskrieg gegen Polen den deutschen Expansionismus hatte zutage treten lassen, reagierte Europa mit Widerstand. Ab 1941 dominierte der von Hitler entfachte Eroberungs- und Vernichtungsfeldzug gegen die Sowjetunion alle militärischen Überlegungen. Im Osten wurde die **Vernichtung der europäischen Juden,** langfristig vorbereitet, in die Tat umgesetzt. Erst nach Jahren eines grausamen und auf beiden Seiten erbittert geführten Kriegs gelang ab 1944 der Anti-Hitler-Koalition die Befreiung Europas und schließlich auch Deutschlands. Am Ende des **Zweiten Weltkriegs** hatten sich die **USA** nach ihrem Sieg über **Japan** als weltweite Groß- und Führungsmacht etabliert, die allein in der Lage war, den Vormarsch des sowjetrussischen Einflusses zu stoppen.

1918–1933 *Weimarer Republik*

1933–1945 *NS-Herrschaft*

1939–1945 *Zweiter Weltkrieg*

1 Die Weimarer Republik

1.1 Der Zusammenbruch der Mittelmächte und der Übergang zur Weimarer Republik

Anfang 1918 war die **militärische Lage aussichtslos.** Die Oberste Heeresleitung (OHL) mit Hindenburg und seinem Stabschef Ludendorff mobilisierte im Stil einer Militärdiktatur alle Kräfte des Deutschen Reichs für den Krieg, aber Erfolge waren ausgeblieben. Zudem war die Versorgungslage unzureichend.

Auch die letzte deutsche Großoffensive im Frühjahr 1918 hatte die Ziele verfehlt. Der alliierte Gegenangriff im Sommer 1918 brach den Widerstandswillen der deutschen Soldaten, der britische Panzerangriff bei Amiens wurde zum „Schwarzen Tag des deutschen Heeres" (8. 8.). Auch die Verbündeten Österreich-Ungarn und Türkei standen vor dem Zusammenbruch, Bulgarien bat um Waffenstillstand (25. 9.). Ludendorff verlangte von den Politikern, einen **sofortigen Waffenstillstand** zu schließen.

Die Parlamentarisierung des Reichs

Ein Waffenstillstand auf der Grundlage der „14 Punkte" Wilsons erforderte die **Parlamentarisierung** des Reichs. Den ersten Schritt hatte ein Interfraktioneller Ausschuss aus Zentrum, Fortschrittspartei und MSPD mit einer **Friedensresolution** unternommen (19. 7. 1917). Die Parlamentarisierung im Oktober 1918 hatte weitere Gründe:

- Vermeidung einer „Revolution von unten" wie in Russland durch die „Revolution von oben";
- Abwälzen der Verantwortung für die Niederlage auf die Politiker; damit konnten die Militärs behaupten, das Heer sei unbesiegt geblieben, aber die Heimat sei der kämpfenden Truppe in den Rücken gefallen (**„Dolchstoßlegende"**).

Am 3. 10. 1918 ernannte Wilhelm II. Prinz Max von Baden zum Reichskanzler. Er bildete die erste parlamentarische Regierung des Reichs aus MSPD, Zentrum und Fortschrittspartei. Die November-Revolution verhinderte die Umsetzung der neu erarbeiteten Verfassung (28. 10. 1918, „Oktober-Verfassung"). Sie war aber ein wichtiger Schritt zur parlamentarischen Demokratie der Weimarer Republik.

3. 10. 1918	*28. 10. 1918*	*5. 11. 1918*	*9. 11. 1918*
Max von Baden Reichskanzler	*„Oktoberverfassung"*	*Matrosenaufstand*	*Ebert Reichskanzler*

Die November-Revolution

Trotz des Eingeständnisses der militärischen Niederlage befahl die Marineleitung das Auslaufen der Flotte. Die Matrosen weigerten sich, ein Matrosenrat übernahm in Wilhelmshaven die Macht (5.11.). Der Matrosenaufstand griff auf andere Hafen- und Industriestädte über.

Arbeiter- und Soldatenräte forderten ein sofortiges Kriegsende und die Abdankung des Kaisers. Um zu verhindern, dass nach der Flucht Wilhelms II. ins belgische Spa und dem Sturz der Wittelsbacher Dynastie in München (7.11.) Radikale die Macht ergriffen, forderten die Führer der SPD die Übernahme der Regierungsgewalt.

Am 9.11.1918 übertrug Reichskanzler von Baden die Regierung an Friedrich Ebert (MSPD) und verkündete die **Abdankung des Kaisers**. Die **Proklamierung der Republik** erfolgte zweimal: Zunächst durch Scheidemann (SPD), wenige Stunden später durch Liebknecht (Spartakusbund) als sozialistische Republik. Jeweils drei Vertreter von MSPD und USPD bildeten eine provisorische Regierung („Rat der Volksbeauftragten") und schlossen **Waffenstillstand** (Compiègne, 11.11.).

Ebert wollte die Einheit der Arbeiterbewegung wiederherstellen und linksradikale Gruppen isolieren. Es gab aber gravierende Differenzen über das weitere Vorgehen:

- Die MSPD wollte einen geordneten Übergang zu neuen Verhältnissen. Ebert vereinbarte mit der OHL, das Militär zur Wiederherstellung von Ruhe und Ordnung einzusetzen („Ebert-Groener-Pakt", 10.11.). Zunächst sollte eine **Nationalversammlung** gewählt werden, die über die künftige Staatsform entscheide. Die bisherigen Mehrheitsparteien des Reichstags (Zentrum, Fortschrittspartei, SPD) sollten die Übergangsregierung bilden.
- Die USPD und besonders der Spartakusbund strebten eine grundlegende revolutionäre Umgestaltung an, eine **Räterepublik** nach russischem Vorbild. Alle Macht im Staat sollte auf die Arbeiter- und Soldatenräte übergehen, ein Zentralrat sollte die oberste Gewalt ausüben.

Die Reichskonferenz der Arbeiter- und Soldatenräte votierte für die Nationalversammlung und damit für das **parlamentarische System**. Nach dem Einsatz von Militär gegen aufständische Matrosen in Berlin verließen die USPD-Mitglieder den Rat der Volksbeauftragten (29.11.). Den so genannten Spartakus-Aufstand (Januar 1919) ließ der Volksbeauftragte Noske (MSPD) durch Freikorps niederschlagen. Die Spartakus-Führer Liebknecht und Luxemburg wurden dabei ermordet.

9.11.1918	*10.11.1918*	*11.11.1918*	*Januar 1919*
Deutschland wird Republik	*„Ebert-Groener-Pakt"*	*Waffenstillstand in Compiègne*	*Spartakusaufstand*

1.2 Die Neuordnung Europas

Am 18. 1. 1919 traten Delegationen aus 32 Ländern zur Pariser Friedenskonferenz zusammen. Vertreter der ehemaligen Feindmächte waren nicht zugelassen. Auch das bolschewistische Russland war wegen des Bürgerkriegs nicht vertreten. Der „Rat der Vier" (USA, Großbritannien, Frankreich, Italien) traf die zentralen Entscheidungen. Das von US-Präsident Wilson postulierte Selbstbestimmungsrecht der Völker wurde zum zentralen Punkt der Beratungen, über seine Umsetzung gingen die Ansichten aber weit auseinander:

Die Interessen der Siegermächte

Frankreich	USA	Großbritannien
• Sicherheit durch dauerhafte Schwächung Deutschlands • Hegemonie in Europa • Stärkung Polens gegen Deutschland und Russland	• kollektive Friedenssicherung durch Einrichtung des Völkerbunds • Rückzahlung der an die Alliierten vergebenen Kriegskredite	• geringe Schwächung bzw. Isolierung Deutschlands • „balance of power" gegen französische Hegemonie • Abwehr des expansiven Bolschewismus

Wilson erreichte die Gründung des **Völkerbundes** am 28. 4. 1919. Ihm gehörten die 32 Siegermächte und 13 neutrale Staaten an. Die besiegten Nationen durften vorerst nicht beitreten. Der Völkerbund konnte sein Hauptziel, Abrüstung und friedliche Beilegung von Konflikten, nicht verwirklichen, erst 1928 wurde im Briand-Kellogg-Pakt der Krieg für völkerrechtswidrig erklärt. Seine Erfolge lagen zunächst im Mandatssystem: Danach wurden Territorien des Deutschen bzw. Osmanischen Reichs nicht sofort in die Unabhängigkeit entlassen, sondern unter die Aufsicht eines damit beauftragten Völkerbundsmitglieds gestellt.

Die Pariser Vorortverträge

Das Ergebnis der Pariser Konferenz war ein Vertragsgebäude mit Statuten, Grenzverträgen, Wirtschaftsvereinbarungen, Garantie- und Schutzpakten. Es bestand aus den so genannten Vorortverträgen von **Versailles** (28. 6. 1919 mit Deutschland), **St. Germain** (10. 9. 1919 mit Österreich), **Trianon** (4. 6. 1920 mit Ungarn), **Neuilly** (27. 11. 1919 mit Bulgarien) und **Sèvres** (10. August 1920 mit der Türkei).

18. 1. 1919 – *Beginn der Friedenskonferenz*

28. 4. 1919 – *Völkerbund*

Der Versailler Vertrag mit dem Deutschen Reich

Besonders hart waren die **territorialen Bestimmungen**: Im **Osten** wurde der größte Teil der Provinzen Posen und Westpreußen ohne Abstimmung der Bevölkerung an Polen abgetreten, das damit Zugang zur Ostsee erhielt. Danzig wurde „Freie Stadt" unter dem Schutz des Völkerbundes. Das Deutsche Reich musste das Hultschiner Ländchen an die Tschechoslowakei, das Memelgebiet an die Alliierten abtreten.

Im **Westen** fiel Elsass-Lothringen an Frankreich und Eupen-Malmedy an Belgien. Das Saargebiet wurde für 15 Jahre dem Völkerbund unterstellt. Die Verfügungsgewalt über die Kohlegruben erhielt Frankreich. Das Rheinland wurde „entmilitarisiert". Das linksrheinische Gebiet blieb zwar Teil Deutschlands, stand aber unter militärischer Kontrolle der Franzosen. Nordschleswig wurde nach einer Volksabstimmung dänisch. Deutschland verlor außerdem alle Kolonien und musste das Vereinigungsverbot mit Österreich akzeptieren.

Zudem wurde Deutschland **entmilitarisiert**: Alle Waffen mussten ausgeliefert werden, die Stärke des Heeres und der Marine wurden stark begrenzt. Die Wehrpflicht wurde verboten, Luftwaffe und Unterseeboote durften nicht unterhalten werden, die Flotte war auszuliefern und alle Festungen zu schleifen.

Der „**Kriegsschuldartikel**" (Art. 231) machte Deutschland als Urheber des Kriegs für alle Schäden verantwortlich und sollte dazu dienen, alle Wiedergutmachungsleistungen rechtlich zu begründen. Die Höhe der Reparationen blieb solange offen, weil die wirtschaftliche Leistungsfähigkeit Deutschlands nicht feststand. Reparationskommissionen sollten eingesetzt werden, um die jährlichen Zahlungen festzulegen.

Der Vertrag wurde der deutschen Delegation am 7. 5. 1919 ausgehändigt, ein Einspruchsrecht gab es nicht. Besonders die Gebietsabtretungen und die Zuweisung der Kriegsschuld trafen in Deutschland auf Ablehnung. Erst die Drohung der Siegermächte, die Kampfhandlungen wieder aufzunehmen, zwang zur Unterzeichnung des Vertrags (28. 6. 1919).

Die Friedensbedingungen waren zwar hart, aber das Deutsche Reich blieb weitgehend erhalten. Innerhalb weniger Jahre erlangte es seine Großmachtstellung zurück. Dennoch belasteten die Bestimmungen von Versailles die Republik erheblich. Die Befürworter des neuen Staates waren als „Erfüllungspolitiker" den Versuchen von rechts und links, den Staat zu zerschlagen, ausgesetzt. Die schnelle **Revision des Vertrags** wurde bald Hauptziel deutscher Außenpolitik.

7. 5. 1919
Aushändigung des Vertrags an die deutsche Delegation

28. 6. 1919
Unterzeichnung des Versailler Vertrags

Karte

Mitteleuropa nach dem Versailler Vertrag

Memelland
LITAUEN
Königsberg
Danzig
West-
reußen
P O L E N
osen
Ober-
schlesien
TSCHECHOSLOWAKEI
U N G A R N
J U G O S L A W I E N
N
0
250 km
Grenze des Deutschen Reiches bis 1918/19
Abstimmungsgebiete
Grenze von Österreich-Ungarn bis 1918

1.3 Verfassung und politisches System der Weimarer Republik

Die Verfassung

Der Verfassungsentwurf wurde abseits des unruhigen Berlins beraten. In Weimar stimmten ¾ der Abgeordneten für die Vorlage, nur die Fraktionen von USPD, DNVP und DVP dagegen. Die Verfassung trat nach Unterzeichnung durch Reichspräsident Ebert am 14. 8. 1919 in Kraft.

Sie ist gekennzeichnet durch eine **Absage an das Rätemodell** und eine Annäherung an den **westlichen Parlamentarismus.** Ein Prinzip war, dass jede Form der Herrschaft durch das Volk legitimiert sein sollte. Das zentrale Organ der Reichsgewalt war der vom Volk gewählte **Reichstag.** Er übte die Legislative aus und kontrollierte die **Reichsregierung** (Exekutive), die aus dem Reichskanzler und den Reichsministern bestand. Sie benötigten für ihre Amtsführung das Vertrauen des Reichstags.

Als Gegengewicht zum Parlament wurde das Amt des **Reichspräsidenten** geschaffen. Er führte die Geschäfte des Reiches, vertrat es völkerrechtlich, hatte den Oberbefehl über die Reichswehr und konnte das Parlament auflösen. Der Reichspräsident berief und entließ die Reichsregierung. Bei erheblicher „Störung oder Gefährdung der öffentlichen Sicherheit und Ordnung" ermöglichte der Artikel 48 eine vorübergehend von Parlament und Grundrechten losgelöste Alleinregierung. Ohne die Mitwirkung des Reichstags konnte in diesem Fall der Reichspräsident („Ersatzkaiser") Gesetze mithilfe so genannter **Notverordnungen** beschließen.

Als zusätzliches Gegengewicht zum Reichstag waren weitere Formen der unmittelbaren Demokratie in die Verfassung eingebaut. Das Volk konnte durch ein **Volksbegehren** etwas vor den Reichstag bringen und durch einen **Volksentscheid** einen Beschluss des Reichstags oder Reichsrats außer Kraft setzen. Beides spielte in der Praxis keine große Rolle, nur zweimal kam es zu einem wirklichen Volksentscheid.

In Anlehnung an die Verfassung der Paulskirche (1848/49) enthielt die Weimarer Verfassung erstmals einen langen Katalog an **Grundrechten.** Sie besaßen allerdings nur deklamatorischen Charakter, da sie nicht einklagbar waren. Ein weiterer bedeutender Fortschritt gegenüber der Verfassung des Kaiserreichs war, das nun auch **Frauen** erstmals das aktive und passive Wahlrecht besaßen.

ab 1870 *Zentrum* — *ab 1875* *SPD* — *ab 1918* *KPD*

Die Parteien

Die Parteien waren in der Verfassung nur am Rand erwähnt. Es gab keine Bestimmungen, die Einfluss auf die Programmatik und die innerparteiliche Willensbildung hätten nehmen können. Das **Verhältniswahlrecht** begünstigte die Entstehung von Splitterparteien. Insgesamt zeigt das Parteiensektrum der Weimarer Republik keinen großen Umbruch im Übergang von Kaiserreich zu Republik.

SPD, DDP und Zentrum bildeten die **„Weimarer Koalition"**, die aktiv für die Republik eintrat. Die Deutsche Volkspartei (DVP) war nur teilweise zur Mitarbeit bereit. Konservative (DNVP) sowie Rechts- und Linksextreme bekämpften das „Weimarer System".

Das Parteienspektrum der Weimarer Republik

KPD
Sozialismus
Diktatur des Proletariats
antikapitalistisch
antiparlamentarisch

Weitertreiben der Revolution ↓

DNVP
Monarchie
antidemokratisch
antirepublikanisch
(rechtskonservativ)

Rücknahme der Revolution ↓

NSDAP
„Volksgemeinschaft"
„Führerstaat"
antiparlamentarisch
antidemokratisch
Zerstörung des „Weimarer Systems" ↓

Weimarer Koalition

SPD	DDP	Zentrum
Demokratie	Demokratie	Demokratie
Republik	Republik	Republik
(„reform-sozialistisch")	Rechts-, Volksstaat (linksliberal)	Volksstaat (christlich/katholisch)

DVP
Parlamentarismus
Monarchie
(national-, wirtschaftsliberal)

← zeitweilige Mitarbeit

Mangelnde Koalitionsfähigkeit und -bereitschaft stärkten antidemokratische Kräfte. So konnten systemfeindliche Gruppierungen (NSDAP, KPD) die Gegner der Republik im Reichstag sammeln und das Misstrauensvotum nutzen, um die Unfähigkeit des Systems zu demonstrieren. Die „Lehren aus Weimar" sind im Grundgesetz der Bundesrepublik gezogen worden:

ab 1918	*ab 1918*	*ab 1918*	*ab 1919*	*14.8.1919*
DDP	*DVP*	*DNVP*	*NSDAP*	*Verfassung in Kraft*

Die Verfassungen von Weimar und Bonn im Vergleich

	Weimar Verfassung	Grundgesetz
Staatsoberhaupt	**Reichspräsident (7 Jahre)** • Volkswahl (Art. 41) • Oberbefehl über Wehrmacht • Ernennung/Entlassung des Reichskanzlers • Notverordnungen (Art. 48) bei Gesetzgebungs- und Ausnahmezustand • Parlamentsauflösung (Art. 25)	**Bundespräsident (5 Jahre)** • Bundesversammlung (Art 54) • bei Notstand Gesetzgebung mit Bundesregierung und -rat • Parlamentsauflösung beschränkt (Art. 63), auch bei Misstrauensvotum
Partizipation des Volkes	**Reichstag** • Wahl nach Verhältniswahlrecht • Mitwirkung bei Gesetzen Volksentscheid über • Reichstagsbeschluss (Art. 75) • Verfassungsänderung (Art 76) • Gesetzgebung (Art. 73/74)	**Bundestag** • Wahl nach Verhältnis-/Mehrheitswahlrecht • 5 %-Klausel • Mitwirkung bei Gesetzen • Wahl des Bundeskanzlers Volksentscheid nur bei Gebietsänderung (Art. 29)
Parteien	• Rechte und Pflichten nicht definiert • Freiheit bei innerparteilicher Organisation • kein Parteienverbot vorgesehen	• Organe der politischen Willensbildung (Art. 21) • Verbot verfassungsfeindlicher Parteien

Schaubild

Die Verfassungen von Weimar und Bonn im Vergleich

1.4 Die Krisenjahre

Nach der Anfangsphase war die Republik in den so genannten Krisenjahren massiven innenpolitischen, gesellschaftlichen und wirtschaftlichen Problemen ausgesetzt und dadurch in ihrer Existenz bedroht: **Wirtschaftliche Probleme** resultierten aus den Belastungen durch die Kriegsschulden und durch eine Inflation, die sich seit dem Ruhrkampf zur galoppierenden Hyper-Inflation entwickelte. **Politische Probleme** entstanden durch eine Parteienlandschaft, deren stetig wachsende linke und rechte Flügel nicht mit den Prinzipien der parlamentarischen Demokratie übereinstimmten und deren Ziel es war, die Regierung – auch gewaltsam – zu stürzen. Ein **gesellschaftspolitisches Problem** war die große personelle Kontinuität vom Kaiserreich zur Republik in den wichtigen Staatsorganen – in Beamtenschaft, Justiz – und im Militär, die der Republik mehrheitlich distanziert bis feindlich gegenüberstanden und – vor allem bei Angriffen von rechts – der jungen Republik wenig Schutz gewährten. Ein grundsätzliches gesellschaftliches Problem war die mangelnde demokratische Haltung weiter Bevölkerungsteile – vor allem innerhalb der Machteliten, was vielfach durch die Formulierung „Republik ohne Republikaner" zum Ausdruck gebracht wird.

Die krisenhaften Erscheinungen in dieser Phase der Republik erreichten **1923 ihren Höhe- und vorläufigen Endpunkt**.

Rechts- und Linksextremismus

Nach der Auflösung der deutschen Truppen wurden bei Unruhen und Kämpfen in den polnischen Abstimmungsgebieten Freiwilligenverbände (**Freikorps**) eingesetzt. Sie waren Gegner der neuen Staatsordnung und besetzten während des von militanten Rechtskreisen getragenen „Kapp-Putsches" Berlin (13. 3. 1920). Die Regierung floh. Erst ein Generalstreik zwang die Putschisten zur Aufgabe.

Repräsentanten des von den Rechten verhassten „Systems" wie Erzberger und Rathenau wurden ermordet. Reichskanzler Wirth stellte zu Recht fest: „Der Feind steht rechts!". Allerdings wurden die rechten Gewalttaten kaum strafrechtlich verfolgt.

Anders verhielt sich der Staat gegen die **Bedrohung von links**. Während der Ruhrbesetzung versuchte die von Moskau gesteuerte KPD in Thüringen und Sachsen durch „Volksfrontregierungen" einen bewaffneten Umsturz im Reich auszulösen. Die Reichsregierung verkündete den Ausnahmezustand, die Reichswehr schlug die Aufstände nieder.

1920	1921	1922	1923
Kapp-Putsch	*Ermordung Erzbergers*	*Ermordung Rathenaus*	*„Volksfront" in Thüringen und Sachsen*

Im Rheinland forderten von Frankreich unterstützte Separatistengruppen die Loslösung vom Reich (1923). Erst mit der Verbesserung der wirtschaftlichen Lage verlor der **Separatismus** an Bedeutung.

Reparationen

1921 war die Höhe der Reparationsleistungen auf 132 Milliarden Mark festgelegt worden. Auf deutsche Proteste antworteten die Alliierten mit Sanktionen, halbierten aber die Summe im „Londoner Ultimatum". Mit der „Erfüllungspolitik" hofften Reichskanzler Wirth und Außenminister Rathenau die angedrohte Besetzung des Ruhrgebiets verhindern und Unerfüllbarkeit der Forderung beweisen zu können, scheiterten aber zunächst an der harten Haltung besonders der Franzosen.

Erst mit dem **„Dawes-Plan"** 1924 und dem **„Young-Plan"** 1930 wurden Zahlungshöhe und -modalitäten gemindert. Die endgültige Ablösung der Reparationsschuld erfolgte in der Konferenz von Lausanne (1932). Besonders die Rechte agitierte selbst nach der Wirtschaftserholung gegen die „Verknechtung" Deutschlands.

Ruhrbesetzung und Ruhrkampf

Einen Rückstand bei den deutschen Reparationsleistungen nahm Frankreich zum Anlass, das Ruhrgebiet als „produktives Pfand" zu besetzen (11. 1. 1923) und die geförderte Kohle zu beschlagnahmen. Die Reichsregierung rief den **passiven Widerstand** aus. Die Kosten des Ruhrkampfs, Ausfälle in der Kohle- und Stahlproduktion und den Steuererträgen sowie die Unterstützung der Streikenden fügten der deutschen Wirtschaft enormen Schaden zu. Reichskanzler Stresemann brach daher auf dem Höhepunkt der Inflation (26. 9. 1923) den Ruhrkampf ab.

Die Inflation

Die Kriegsfinanzierung über Kredite, zusätzliche Kosten für Reparationen, die Versorgung der Kriegsopfer sowie die Verzinsung und Tilgung der Anleihen nach Kriegsende hatten zu einer **hohen Staatsverschuldung** geführt. Eine Sanierung der Reichfinanzen scheiterte an der Umstellung der Kriegs- auf Friedensproduktion mit Steuervergünstigungen für Unternehmen und Beschäftigungsprogrammen. Als Folge der Neuverschuldung und der steigenden Ausgabe von **Papiergeld** legten deutsche Kapitalbesitzer ihr Geld im Ausland an, verschlechterten damit den Wechselkurs der Mark und zwangen die Reichsbank zur Aufnahme wei-

1921	1921–1923	*Januar 1923*	*Januar–September 1923*
Festlegung der Reparationshöhe	*„Erfüllungspolitik"*	*Ruhrbesetzung*	*Ruhrkampf*

terer Kredite. Die Inlandspreise stiegen, sodass die Reallöhne nicht mehr die Lebenshaltungskosten deckten. Die **„galoppierende Inflation“** während des Ruhrkampfes gefährdete den Staat.

Verlierer der Inflation waren Rentner und die arbeitende Bevölkerung, da die Löhne den Preisen deutlich hinterherhinkten. Die Arbeiter und Angestellten arbeiteten für immer weniger Lohn. Zu den **Gewinnern** zählten Industrielle, Landwirte und Hausbesitzer. Sie konnten Schulden mit wertlosem Geld zurückzahlen und damit Sachwerte, d. h. neue Grundstücke, Firmen oder Schmuck kaufen. Insgesamt verstärkte die Inflation Misstrauen und antidemokratische Tendenzen bei ihren Verlierern aus dem Mittelstand, die ihre materielle Sicherheit, ihre Lebensperspektiven durch „das System“ zerstört sahen.

Der Währungsverfall 1923 und seine Folgen

Verschuldung		**„bekämpft“ durch**		**bewirkt**
Kriegskredite Kriegsfolgelasten Reparationen (Sachleistungen, Goldmark, Devisenankauf)	→	Kreditaufnahme; Finanzierung durch Neudruck von Papiergeld ↓	→	geringes Warenangebot und Steueraufkommen, sinkende Reallöhne, Kaufkraftverlust, Preistreiberei, Spekulation, Kapitalflucht, = Geldüberhang, Geldentwertung
Ruhrkampf		Währungsreform	←	

Der Hitler-Putsch

Die Volksfrontregierungen in Thüringen und Sachsen nahm die bayerische Regierung zum Anlass, den Ausnahmezustand auszurufen und den Monarchisten v. Kahr zum Generalkommissar zu ernennen. Der Chef der Reichswehr v. Seeckt weigerte sich, gegen diesen Verfassungsbruch vorzugehen. Der damals weitgehend unbekannte Adolf Hitler wollte diese Situation ausnutzen und mit einem **„Marsch auf Berlin“** die Reichsregierung stürzen. Die Bayerische Landespolizei schritt gegen den „Marsch zur Feldherrnhalle“ in München ein, Hitler wurde verhaftet und zu einer niedrigen Haftstrafe verurteilt.

1923	November 1923	1924	1930
Hyperinflation	*Hitler-Putsch*	*Dawes-Plan*	*Young-Plan*

1.5 Innen- und außenpolitische Konsolidierung der Weimarer Republik

In den Jahren 1924 bis 1929 folgte die Zeit der relativen Stabilisierung. Der Schwäche der Republikgegner und dem politischem Geschick des Reichskanzlers bzw. Außenministers Stresemann (DVP) verdankte die Weimarer Republik ihr Überleben im Krisenjahr 1923. Seine Entscheidungen zum Abbruch des Ruhrkampfes und zur Währungsreform waren zentrale Voraussetzungen für die **„Goldenen 20er-Jahre"**.

Finanz- und wirtschaftspolitische Stabilisierung

Mit der **Währungsreform** konnte die Finanzmisere behoben werden: Der Kurs wurde auf den Wert von 4,2 Millionen Papiermark für einen Dollar festgelegt. Eine Billion Papiermark entsprach einer **Rentenmark.** Ein Problem war die Deckung der neuen Währung. Da das Reich nicht genügend Goldvorräte besaß und man ausländisches Kapital nicht in Anspruch nehmen wollte, wurden der ganze Grundbesitz, Industriebetriebe und Banken mit einer Hypothek belastet. Entscheidend für den Erfolg der Währungsreform waren zwei Dinge: Zum einen übernahm die neu geschaffene Rentenbank die Kontrolle über das Zahlungsmittel und legte die Geldnotenpresse still. Zum anderen gewann der Bürger wieder Vertrauen in das Geld. Die Stabilisierung der Währung war geglückt. 1924 wurde die Rentenmark durch die **Reichsmark** abgelöst, die durch Gold gedeckt war.

Nach der Währungsreform einigten sich alle Beteiligten über die Reparationen mit dem Verzicht auf eine Gesamtforderung zugunsten steigender Ratenzahlungen (**Dawes-Plan,** 1924). Das Deutsche Reich konnte auf internationaler Ebene wieder als Kreditnehmer auftreten. Vor allem US-Banken ermöglichten die Reintegration Deutschlands in die Weltwirtschaft durch Kredite mit geringen Laufzeiten.

Die Entwicklung im Inneren

Die sozialen und kulturellen Milieus der Kaiserzeit blieben erhalten, scharf abgegrenzt in einer „Klassengesellschaft im Übergang". Neue Medien wie Rundfunk und Film verbreiteten in der „Ära Stresemann" ein scheinbar sorgloses Lebensgefühl, das sich am amerikanischen Vorbild orientierte. Kunst und Kultur waren geprägt von der „Neuen Sachlichkeit", „Bauhaus"-Stil und Expressionismus, aber auch von Fortschrittspessimismus und antiliberalem Elite- und Führerglauben.

1922	1923	August 1924	August 1924
Vertrag von Rapallo	*Währungsreform*	*Reichsmark*	*Dawes-Plan*

Politisch blieb das System instabil. Von den sechs Regierungen zwischen 1923 und 1928 verfügten nur zwei mit DNVP-Beteiligung über eine Mehrheit. Die SPD war an den „Bürgerblock"-Regierungen nicht beteiligt. Zudem verlor die Demokratie mit dem Tod des Reichspräsidenten Ebert (1925) einen stabilisierenden Faktor. Trotz Unterstützung der SPD für den Zentrum-Kandidaten gewann der von der DNVP präsentierte ehemalige Feldmarschall Hindenburg die Reichspräsidentenwahl. Er war eine nationale Identitätsfigur, aber ob seiner Nähe zur extremen Rechten und zur Monarchie für das höchste Staatsamt nicht qualifiziert.

Die deutsche Außenpolitik

Die internationale Isolation nach 1919 führte zunächst das Deutsche Reich und Russland zusammen. Beide Seiten vereinbarten die Aufnahme diplomatischer Beziehungen und den Verzicht auf Wiedergutmachung (**Vertrag von Rapallo,** 16. 4. 1922). Eine intensivere Zusammenarbeit mit Sowjetrussland blieb aber aus. Der Berliner Vertrag (1926) zwischen den beiden Staaten versprach nur Neutralität im Kriegsfall. Zugleich wurde aber die militärische Zusammenarbeit zur Umgehung der Versailler Vertragsbestimmungen fortgesetzt.

Da die gewaltsame Revision des Versailler Vertrags unmöglich war, strebte Stresemann eine friedliche Zusammenarbeit mit Frankreich an:

- **Vertrag von Locarno** (1925): Garantiepakt Deutschlands, Belgiens und Frankreichs über die bestehenden Grenzen mit England und Italien als Garantiemächten; Schiedsverträge mit Polen und der Tschechoslowakei ohne Garantiemächte;
- Aufnahme Deutschlands in den **Völkerbund** (1926);
- **Briand-Kellogg-Pakt** (1928) zur Ächtung des Kriegs;
- **Young-Plan** (1930): Festsetzung der endgültigen Höhe und der Jahresraten der Reparationen; vertragliche Regelung für die Räumung des Rheinlandes.

Für die deutsch-französische Aussöhnung wurden die Außenminister Stresemann und Briand mit dem Friedensnobelpreis ausgezeichnet. Trotz der „Entspannungspolitik" gegenüber Frankreich hatte Stresemann aber nicht auf die Revision von Versailles verzichtet. Für die Zusicherungen zur Westgrenze gab es keine Entsprechung gegenüber Polen, das als Verlierer von Locarno bezeichnet werden kann.

1925	1926	1928	1930
Vertrag von Locarno	*Aufnahme in den Völkerbund*	*Briand-Kellog-Pakt*	*Young-Plan*

1.6 Die Weltwirtschaftskrise und ihre Folgen

Mit dem Ersten Weltkrieg waren die **USA** zur führenden Weltwirtschaftsmacht aufgestiegen. Sie finanzierten den Krieg der europäischen Verbündeten und den Wiederaufbau. Nach dem Krieg erlebte die amerikanische Wirtschaft eine lange Hochkonjunktur, in der besonders die Auto-, Elektro- und Chemieindustrie expandierten. Innerhalb von zehn Jahren stieg das Sozialprodukt um 40 %. Die Einführung der Ratenzahlung ermöglichte die Teilnahme breiter Bevölkerungsschichten am steigenden Wohlstand. Da aber die Arbeiterschaft mit weiterhin niedrigen Löhnen nur begrenzt am Aufschwung teilhatte, blieb die Nachfrage nach Konsumgütern trotz der Kreditkäufe hinter dem Angebot zurück.

Der **„Schwarze Freitag"** an der New Yorker Börse (25. 10. 1929), als die Kurse vieler Unternehmen einbrachen, war der Höhepunkt einer Phase übermäßiger Investitionen, Aktienkäufe und -spekulation sowie der Überproduktion. Banken wurden zahlungsunfähig, Unternehmen meldeten Konkurs an und entließen ihre Angestellten und Arbeiter. Der Börsenkrach weitete sich zur **Weltwirtschaftskrise** aus:

- Der Zusammenbruch der amerikanischen Hochkonjunktur verringerte den internationalen Warenaustausch;
- Schutzzölle in Europa verschärften den Rückgang des Handels;
- die Rückforderung amerikanischer Auslandskredite vor allem aus Europa beschleunigte die Rezession;
- das nachfolgende Übergreifen der Wirtschaftskrise auf Europa verstärkte die Talfahrt der amerikanischen Wirtschaft.

Die wirtschaftlichen Auswirkungen in Deutschland

1928 verzeichnete die deutsche Wirtschaft ein „gehemmtes" Wirtschaftswachstum. Relativ hohe Löhne, geringe Investitionsquote, niedrige Exportraten sowie eine hoch verschuldete Landwirtschaft machten sie besonders **krisenanfällig**. Mit dem Rückruf des amerikanischen Kapitals griff die Finanzkrise auf Deutschland über:

- Drohende Zahlungsunfähigkeit deutscher Banken durch die Kündigung europäischer Gelder nach den Reichstagswahlen 1930;
- Nach Kündigung privater Einlagen zeitweise Schließung der Banken;
- Leitzinserhöhung durch die Reichsbank, Verbot der Kapitalausfuhr.

1928–1930	25. 10. 1929	1929–1933
Große Koalition	*„Schwarzer Freitag"*	*Weltwirtschaftskrise*

Im Sommer 1931 waren die Folgen der Weltwirtschaftskrise überall in Deutschland zu spüren. Banken brachen zusammen, die Industrieproduktion sank um die Hälfte, die Löhne der Arbeiter halbierten sich. Die Arbeitslosenzahlen stiegen im September 1931 auf über 5 Millionen; fast jeder Dritte war arbeitslos. Die Finanzkrise hatte sich zu einer Wirtschaftskrise ausgeweitet.

Reichskanzler **Brüning** hoffte, mit der Kürzung der Beamtengehälter, Herabsetzung der Arbeitslosenhilfe, Zurückstellung von öffentlichen Investitionen sowie Steuererhöhungen die Krise zu meistern und die Streichung der Reparationen wegen Zahlungsunfähigkeit zu erreichen. Diese **Deflationspolitik** verbesserte zwar die Handelsbilanz, verschärfte aber die Wirtschaftskrise. Kreditfinanzierte Beschäftigungsprogramme zur Senkung der Massenarbeitslosigkeit wurden daher nicht verwirklicht.

Die politischen Auswirkungen in Deutschland

Die Konsolidierungsphase der Weimarer Republik bis 1928 hatte die systemtragenden Parteien gestärkt. Die DNVP war die Verliererin der Reichstagswahl 1928. Aber die Große Koalition von Zentrum, DVP, DDP, BVP und SPD unter Kanzler Müller zerstritt sich mit Beginn der Wirtschaftskrise wegen der Finanzierung der Arbeitslosenversicherung. Die Arbeitslosenversicherung, eine der sozialpolitischen Leistungen der Weimarer Republik, war von maximal 800 000 Arbeitslosen ausgegangen, 1930 mussten aber bereits über drei Millionen versorgt werden.

Die SPD lehnte die von der DVP geforderte Kürzung der Versicherungsleistungen ab und forderte eine Erhöhung der Beiträge. Im Streit darüber **zerbrach die Große Koalition**. Ende März 1930 trat die letzte aus demokratischen Wahlen hervorgegangene und auf das Vertrauen des Reichstags gestützte Regierung zurück.

Bei den **Wahlen 1930** wurde die **NSDAP** zweitstärkste Fraktion, selbst eine rechnerische Mehrheit für die Große Koalition gab es nicht mehr:

- Die SPD tolerierte das Minderheitskabinett Brüning und lehnte alle Misstrauensanträge ab;
- Brüning konnte nur noch über Notverordnungen regieren (1930: 5, 1931: 44, 1932: 60);
- Der Reichstag trat selten zusammen und erließ kaum noch Gesetze.

Brünings Deflationspolitik konnte den wirtschaftlichen Niedergang trotz des von US-Präsident Hoover 1931 gewährten Zahlungsaufschubs nicht aufhalten.

März 1930	September 1930
Präsidialkabinett Brüning	*Wahlerfolge der NSDAP*

1.7 Die Auflösung der Weimarer Republik

Nach dem Bruch der Großen Koalition begannen mit Brüning die **Präsidialkabinette**. Der Reichspräsident rückte in den Vordergrund; von seinem Vertrauen hing die Regierung und damit die Demokratie ab. Brüning regierte ohne eigene Mehrheit im Parlament mit Notverordnungen nach Art. 48 der Verfassung, nur gestützt auf das Vertrauen Hindenburgs.

Die Rolle des Reichspräsidenten Hindenburg

Hindenburg nahm seine Aufgabe als „Hüter der Verfassung" unerwartet ernst. Als Präsident des ganzen Volkes respektierte er parlamentarische Mehrheiten und arbeitete mit Reichsregierung und -tag zusammen. Aber er sah sich nur als „Platzhalter" des Kaisers und schritt nicht gegen Hetzkampagnen von rechts ein. Zudem kam seinen rechtskonservativen Beratern, der „Kamarilla", eine beherrschende politische Stellung zu.

Trotz seiner Schwächen unterstützten die Parteien der „Weimarer Koalition" Hindenburgs Kandidatur für eine zweite Präsidentschaft 1932 und verhalfen ihm zum Sieg über die Gegenkandidaten Thälmann (KPD) und Hitler (NSDAP). Um seine Unabhängigkeit gegenüber Zentrum und SPD zu demonstrieren, die ostelbische Agrarlobby vor Subventionsabbau zu schützen und die Erwartungen seiner konservativen Freunde zu erfüllen, neigte Hindenburg immer mehr zu einem Bündnis mit Hitler.

Das Schicksalsjahr 1932

In der **„Harzburger Front"** hatten sich DNVP, der Frontsoldatenverband „Stahlhelm" und die NSDAP gegen die Republik zusammengeschlossen. General Schleicher, ein Vertrauter Hindenburgs, wollte Hitler in eine neue Regierung einbinden. Auf sein Betreiben entließ Hindenburg Brüning (30. 5.) und **von Papen** wurde Reichskanzler:

Dieser leitete das **„Kabinett der Barone"**: Kein Minister stammte aus Mittelstand oder Arbeiterschaft. Mit Unterstützung von Zentrum und Sozialdemokratie konnte die neue Regierung nicht rechnen. Von Papen dachte auch gar nicht an eine Rückkehr zum parlamentarischen System. Die Nationalsozialisten tolerierten die Regierung unter der Bedingung, den Reichstag aufzulösen. Drei Tage nach Regierungsantritt kam von Papen dem nach und setzte Wahlen für den 31. Juli fest. Das von Brüning verhängte SA- und SS-Verbot wurde aufgehoben. Das Kabinett kümmerte sich wenig um die Lösung der Wirtschaftskrise, dafür ging es mit dem sog. **„Preußenschlag"** in die Geschichte ein: Hindenburg setzt die preußische Regierung ab und von Papen zum Reichskommissar ein.

1930–1933	*1931*	*30. 5. 1932*
Präsidialkabinette	*Harzburger Front*	*Entlassung Brünings*

Die Reichstagswahlen 1930/32

Der schleichende Verfassungswandel mit der Verschiebung legislativer Gewalt vom Reichstag zu Reichsregierung und Reichspräsident, die Erfolglosigkeit des „Weimarer Systems" verspielten den letzten politischen Kredit bei vielen Wählern. Aus den Wahlen gingen Rechts- und Linksextreme als Sieger hervor, die die Zusammenarbeit mit den Parteien der Weimarer Koalition ablehnten. Damit war die Bildung regierungsfähiger Mehrheiten unmöglich.

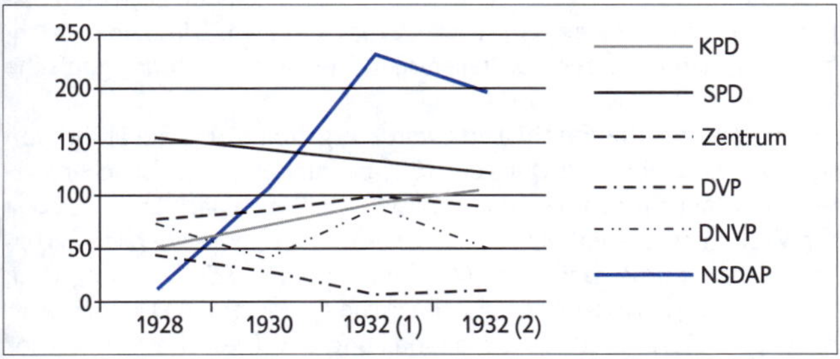

Nach den **NSDAP-Erfolgen** bei den Juli-Wahlen forderte Hitler von Hindenburg vergeblich die Kanzlerschaft. Stattdessen erfolgten Neuwahlen im November, die die NSDAP als stärkste Partei trotz ihrer Stimmverluste bestätigten. Schleicher löste von Papen als Reichskanzler ab, aber auch sein Versuch der Regierungsbildung mit allen Parteien von SPD bis NSDAP scheiterte. Nach seinem Rücktritt (28. 1. 1933) vereidigte Hindenburg **Hitler als Reichskanzler** (30. 1.)

Gründe für das Scheitern der Weimarer Republik

- Mangelnde Akzeptanz der Demokratie in Justiz und Beamtenschaft autoritäre Tradition des Staatsdenkens: „Republik ohne Republikaner";
- Verfassungsdualismus: parlamentarische Regierungsverantwortung und plebiszitär gewählter Reichspräsident mit großer Machtfülle;
- **keine stabile Mehrheit für systemtragende** Parteien, zudem Verantwortungsscheu und -unfähigkeit der Parteien
- **Vertrauensverlust der Bevölkerung aufgrund von** Inflation und wirtschaftlichem Niedergang mit Massenarbeitslosigkeit;
- Belastungen infolge des Versailler Vertrags;
- Spaltung der linken Parteien in Feinde und Stützen der Republik.

20. 7. 1932
„Preußenschlag"

31. 7./6. 11. 1932
NSDAP stärkste Fraktion

30. 1. 1933
Hitler wird Reichskanzler

2 Der Nationalsozialismus

2.1 Die Grundlagen des Nationalsozialismus

Der europäische Faschismus

Faschismus ist ein Sammelbegriff für rechtsradikale, autoritäre politische Systeme vor 1945. In vielen Ländern Europas entstanden nach dem Ersten Weltkrieg rechtsextremistische Gruppierungen. Die beiden wichtigsten Varianten waren der italienische Faschismus und der deutsche Nationalsozialismus.

Der **italienische Faschismus** wurde organisiert und angeführt von Benito Mussolini, der als Duce der 1921 gegründeten faschistischen Partei voranstand. In den schweren sozialen Konflikten nach Ende des Ersten Weltkriegs präsentierte er sich als Alternative zum liberalen Parteienstaat und wurde nach dem „Marsch auf Rom“ 1922 Regierungschef. 1925 institutionalisierte der „Faschistische Großrat“ die Diktatur (Aufhebung der Grundrechte, Gewaltenteilung und Pressefreiheit, Verbot nichtfaschistischer Parteien). Außenpolitisch versuchte Mussolini an die Größe des antiken Römischen Reiches anzuknüpfen.

Die Ideologie des Nationalsozialismus

Der Nationalsozialismus nahm sich zum einen den italienischen Faschismus als Vorbild und knüpfte zum anderen an ältere völkische Ansichten von imperialistischem Nationalismus, Antisemitismus und Rassismus sowie von Kulturpessimismus an. Seine Grundprinzipien waren:

- **Antiparlamentarismus:** Gegnerschaft zum politischen Fortschritt der Freiheit, der Demokratie und des Parlamentarismus sowie Ablehnung der Parteiendemokratie;
- **Führerprinzip** und **Volksgemeinschaft:** absoluter Gehorsam der Volksgemeinschaft gegenüber dem von „der Geschichte beauftragten Führer“;
- **Rassenlehre** und **Antisemitismus:** Übernahme des Sozialdarwinismus mit „Auslese der Starken“ und „Ausmerzung der Schwachen“ durch den Kampf; Überlegenheit der „arischen Rasse“; rassenbiologisch begründete Judenfeindschaft (das Judentum als Sündenbock); „Überlebenskampf“ gegen das „Weltjudentum“;

1921	1922	1923
Hitler NSDAP-Vorsitzender	*Mussolinis „Marsch auf Rom“*	*Hitler-Putsch*

- **Antisozialismus** und **Antibolschewismus**: Ablehnung des international wirksamen Liberalismus und Sozialismus als Verstoß gegen nationale Grundwerte; Kampf gegen das kapitalistische System des „internationalen Finanzjudentums" durch Aufhebung der Klassengegensätze im **„nationalen Sozialismus"**.

Der Aufstieg der NSDAP

Nach dem Besuch einer Versammlung der Deutschen Arbeiterpartei schloss sich **Adolf Hitler** 1919 der Partei an. Er übernahm 1921 den Parteivorsitz, schaffte Mehrheitsbeschlüsse ab und setzte das Führerprinzip innerhalb der Partei durch. Das **Hakenkreuz** wurde Symbol der Nationalsozialistischen Deutschen Arbeiterpartei (seit 1920).

Die NSDAP verstand sich als **„völkische Bewegung"**, als Repräsentation der **„Volksgemeinschaft"**. Ihr Programm entwickelte Hitler in seinem Buch „Mein Kampf". Aufgrund ihrer aggressiven Propaganda, des Straßenterrors der Sturmabteilung (SA), Hitlers Erfolgen als Redner und der Unterstützung einflussreicher bayerischer Kreise wuchs die Anhängerschaft.

Nach dem Misserfolg des Putsches 1923 und anschließender Haft entschloss sich Hitler, die **Macht auf legalem Wege** zu erlangen. Das Volksbegehren gegen den Young-Plan (1929) brachte den entscheidenden Durchbruch: 1930 war die NSDAP zweitstärkste, 1932 stärkste Partei im Reichstag. Sie präsentierte sich als unverbrauchte, „junge" Partei, die dank der Parteiorganisation diszipliniert und schlagkräftig agierte.

Wähler und Mitglieder der NSDAP

Der NSDAP gelang es vor allem, **Neu- und bisherige Nichtwähler** zu mobilisieren. Sie übte eine besonders starke Anziehungskraft auf den **neuen Mittelstand der Beamten und Angestellten** aus. Diesem „Extremismus der Mitte" entspricht es, dass der Aufstieg der NSDAP parallel zum Niedergang der liberalen Parteien erfolgte. Bereits 1928 zählte sie über 100 000 Mitglieder. Neben Beamten und Angestellten waren aber auch viele Arbeiter Mitglieder der NSDAP. Ihr Anteil betrug 33,5 % (1933). Dennoch profitierte die Partei in geringerem Maß als die KPD von der Arbeitslosigkeit der Weltwirtschaftskrise.

Die NSDAP verbuchte besondere Erfolge in protestantischen Gebieten mit kleinen und mittleren Gemeinden. Die großstädtische Arbeiterschaft stand den sozialistischen Parteien näher.

1929 *Volksbegehren gegen den Young-Plan* – *1930* *NSDAP zweitstärkste Partei* – *1932* *NSDAP stärkste Partei*

2.2 Die „Machtergreifung“ Hitlers und die Etablierung des NS-Staates

Hitlers Vereidigung als Reichskanzler wurde von den Nationalsozialisten als Tag der „Machtergreifung“ gefeiert. Aber er hatte weder in einem revolutionären Akt die Macht an sich gerissen noch war er zum Reichskanzler gewählt worden. Vielmehr war es eine **Machtübertragung** in der Tradition der Präsidialkabinette, formal also im Rahmen der Verfassung.

Hindenburg hatte sich nach langem Zögern den Vorstellungen von Papens gebeugt. Dieser wollte zwar eine „nationale Erhebung“, aber eine nationalsozialistische Diktatur verhindern. Die NSDAP-Mitglieder der Regierung der **„nationalen Konzentration“** Hitler, Frick, Göring (zugleich auch Staatskommissar für Preußen) und später auch Goebbels wurden von Konservativen „eingerahmt“ und sollten „gezähmt“ werden.

Ausschaltung der Opposition

Hitler sprengte dieses **Zähmungskonzept**, indem er bei Hindenburg die Reichstagsauflösung und Neuwahlen durchsetzte. Hindenburg war auch bereit, der von ihm gewünschten autoritären Regierung „über den Parteien“ weit reichende Handlungsfreiheit zu geben. Weder Konservative noch die Kirchen erhoben Einwände, auch nicht gegen erste antisemitische Ausschreitungen. Kommunisten und Sozialdemokraten konnten sich nicht auf ein gemeinsames Vorgehen einigen.

Den **Reichstagsbrand** (27. 2.), die Einzeltat eines ehemaligen Kommunisten, erklärte die Regierung zum Aufstandssignal der KPD und ging gegen die „drohende kommunistische Gefahr“ vor. Die „Reichstagsbrandverordnung“ setzte die wichtigsten Grundrechte außer Kraft und ermöglichte die Verhaftung von politischen Gegnern (bis März 1933 über 10 000). Sie war das „Grundgesetz“ des Dritten Reiches.

Trotz des Terrors gegen die linken Parteien erreichte die NSDAP in den **Reichstagswahlen** vom 5. 3. 1933 nur 43,9 %, die Koalition mit der DNVP 51,9 % der Stimmen. Zur Verabschiedung des **„Ermächtigungsgesetzes“** mit 2/3-Mehrheit wurden abwesende Abgeordnete als nicht stimmberechtigt gezählt. Die Regierung hatte damit Parlament und Weimarer Verfassung ausgeschaltet. Das Ermächtigungsgesetz blieb bis 1945 in Kraft. Nur die SPD hatte gegen die faktische Selbstauflösung des Reichstags gestimmt.

30. 1. 1933 — *„Machtergreifung“*

27. 2. 1933 — *Reichstagsbrand*

Etappen der Machtergreifung

Datum	Gesetz	Bestimmungen
1933 4. 2.	Verordnung zum „Schutz des deutschen Volkes"	Einschränkungen von Presse- und Versammlungsfreiheit
28. 2.	Reichstagsbrandverordnung	Einschränkung der Grundrechte
23. 3.	Ermächtigungsgesetz	Reichsgesetze können von der Regierung beschlossen werden und dürfen von der Verfassung abweichen.
31. 3.	Erstes Gesetz „zur Gleichschaltung der Länder mit dem Reich"	Auflösung der Landtage und kommunalen Selbstverwaltungsorgane Zusammensetzung entsprechend dem Reichstagswahlergebnis
7. 4.	Gesetz „zur Wiederherstellung des Berufsbeamtentums"	Beamte können entlassen werden, wenn sie „nicht arischer Abstammung sind" und wenn sie „nach ihrer bisherigen politischen Betätigung nicht die Gewähr dafür bieten, dass sie jederzeit rückhaltlos für den nationalen Staat eintreten".
14. 7.	Gesetz „gegen die Neubildung von Parteien"	Als „einzige politische Partei in Deutschland" wird die NSDAP zugelassen.
1. 12.	Gesetz „zur Sicherung der Einheit von Partei und Staat"	Die NSDAP wird als „Trägerin des deutschen Staatsgedankens und mit dem Staat unlöslich verbunden" anerkannt.
1934 1. 8.	Gesetz „über das Staatsoberhaupt des Deutschen Reiches"	„Das Amt des Reichspräsidenten wird mit dem des Reichskanzlers vereinigt." Die „bisherigen Befugnisse des Reichspräsidenten (gehen) auf den Führer und Reichskanzler Adolf Hitler über".

Schaubild

Etappen der Machtergreifung

2.3 Das NS-Herrschaftssystem

Die Nationalsozialisten bedienten sich zur Herrschaftssicherung und Durchsetzung ihrer Ziele neben der staatlich-politischen Macht der **Gewalt** und der **Propaganda**. Die Propaganda konzentrierte sich auf wenige, schlagwortartig wiederholte und emotional ausgerichtete Punkte. Sie nutzte zudem Aktionen mit besonders hohem Symbolwert und rückte die NS-Politik in die Kontinuität deutscher Geschichte:

- Der „Tag von Potsdam" (21. 3. 1933) zur Reichstagseröffnung präsentierte Hitler vor dem Grab Friedrichs II. als „legitimen" Erben Bismarcks.
- Der 1. Mai wurde zum „Tag der nationalen Arbeit" erklärt.
- Der Begriff der „Volksgemeinschaft" beschwor eine fiktive Schicksalseinheit ohne Klassenunterschiede. Er war Grundlage für ein „gesundes Volksempfinden", das Abweichler ausgrenzte und Opferbereitschaft auch im Krieg abverlangen konnte.

Auch die **Bücherverbrennungen** als „Säuberung deutscher Kultur" waren vom Propagandaministerium inszenierte Veranstaltungen. Gewalt und Terror zerschlugen jeden Widerstand. Instrument des systematischen Terrors war die „Schutzstaffel" **(SS)** unter Himmler, die nach der Ausschaltung der SA für alle Konzentrationslager zuständig war. Geheime Staatspolizei **(Gestapo)**, Sicherheitsdienst (SD) und SS errichteten in Deutschland ein Netz von **Konzentrationslagern**, in denen Andersdenkende in der sog. „Schutzhaft" gequält und ermordet wurden.

Der „Röhm-Putsch" und die Aktion gegen die SA

Zwischen Hitler und dem Führer der „Sturmabteilung" Röhm bestand Uneinigkeit über die Rolle der SA. Sie hatte während der „Kampfzeit" die politischen Gegner terrorisiert und forderte die Zusammenlegung mit der Reichswehr unter Führung der SA. Hitler beschloss, sich der Opposition der SA zu entledigen. Unter dem Vorwand eines drohenden Putsches wurden Röhm, höhere SA-Führer und andere Konkurrenten (Kahr, Strasser, Schleicher) durch die SS ermordet. Die staatlich geplanten Morde wurden per Gesetz nachträglich als „Staatsnotwehr" legalisiert.

Nach Hindenburgs Tod (2. 8. 1934) übernahm Hitler das Amt des Reichspräsidenten und Oberbefehlshabers der Reichswehr. Nach der Entlassung der unbequemen Generäle Blomberg und Fritsch im Februar 1938 ernannte sich Hitler zum Oberbefehlshaber der Wehrmacht. Er war **Führer der Partei, des Staates, der Wehrmacht und der Justiz**.

21. 3. 1933	10. 5. 1933	30. 6. 1934
Tag von Potsdam	*Bücherverbrennung*	*„Röhm-Putsch"*

Die Herrschaftstechnik des NS-Staates

Überzeugung	Überredung	Zwang
positive Erscheinungen	Propaganda	offene Gewalt
• Beseitigung der Arbeitslosigkeit • Vermittlung eines Gemeinschaftsgefühls	• Kontrolle der Massenmedien • Masseninszenierungen • Selbstdarstellung in den Medien	• Terror- und Verfolgungsorgane (Gestapo, SS) • politische Verfolgung • Konzentrationslager
↓	↓	↓
freiwillige Einordnung	gesteuerte Beeinflussung	erzwungene Einordnung

Aufbau und Struktur des „Führerstaats"

Während Hitlers Machtfülle die Vorstellung einer straffen, zentralistischen Herrschaft im monolithischen „Führerstaat" vermittelt, zeigt die Realität des ständigen Machtkampfes auf allen staatlichen und parteilichen Ebenen die Kennzeichen einer chaotischen Regierungsstruktur, einer **„polykratischen" Herrschaft**.

Staat und Partei waren personell und organisatorisch verklammert. Die Eintrittswelle karrierebewusster, angepasster Beamter, Lehrer, Geschäftsleute und Arbeiter ab 1933 verbreiterte die NSDAP-Machtbasis. Die Parteifunktionäre, Gau-, Kreis- und Ortsgruppenleiter, waren meist zugleich Verwaltungsbeamte auf Länder-, Bezirks-, Kreis- und Gemeindeebene. Ämter und Behörden der NSDAP, Sonderverwaltungen, Kommissariate („Reichskommissar für die Festigung des deutschen Volkstums"), Massenorganisationen („Hitlerjugend") und Zwangsvereinigungen („Deutsche Arbeitsfront") höhlten die staatliche Macht aus. So war z. B. Heinrich Himmler als Chef der Deutschen Polizei dem Innenminister untergeordnet, aber als „Reichsführer SS" nur Adolf Hitler persönlich verantwortlich. Führererlasse und -befehle waren ein von keiner staatlichen Instanz kontrolliertes Machtinstrument. Verbindendes Element der unterschiedlichen Interessen und ideologischen Richtungen innerhalb von Partei und Staat war der **„Führerkult"**.

2.8.1934 – *Hitler „Führer und Reichskanzler"*

1938 – *Hitler Oberbefehlshaber der Wehrmacht*

2.4 NS-Wirtschaftspolitik und Wiederaufrüstung

Hitler und der Mythos der Beseitigung der Arbeitslosigkeit

Der Aufstieg der NSDAP während der Weltwirtschaftskrise beruhte auch auf dem Versprechen, die Arbeitslosigkeit zu beseitigen. 1933 war die weltweite Talsohle bereits durchschritten, die beginnende weltwirtschaftliche Belebung unterstützte die deutsche Entwicklung.

Die Nationalsozialisten griffen auf Pläne der Vorgänger-Regierungen für **Arbeitsbeschaffungsprogramme** zurück wie den Bau von Autobahnen. Zugleich wurden gezielt Personengruppen vom Arbeitsmarkt abgezogen. Junge Frauen erhielten ein Ehestandsdarlehen, wenn sie ihren Beruf aufgaben. Ab 1935 wurden junge Männer nach Einführung der **Wehrpflicht** und **halbjähriger Arbeitsdienstverpflichtung** für fast drei Jahre dem Arbeitsmarkt entzogen. Die Arbeitsbeschaffungsmaßnahmen haben zwar ihren Teil zur Behebung der Massenarbeitslosigkeit beigetragen, der entscheidende Grund für die schnelle Behebung der Arbeitslosigkeit war vor allem die Stärke der **Rüstungskonjunktur**.

Rüstungspolitik

Entscheidend für die Wirtschaft waren die **Rüstungs- und Autarkiebestrebungen**. Der Anteil der Rüstungsausgaben stieg 1933–1938 von 23 % auf 74 % der öffentlichen Investitionen, finanziert durch das System der **Mefo-Wechsel**. Danach konnten Rüstungslieferanten bei der Metallurgischen Forschungsgesellschaft (Mefo) einen Wechsel erhalten, der durch die Reichsbank gedeckt, aber von ihr nicht eingelöst wurde. Zusätzlich verschuldete sich das Reich durch die Aufnahme von Krediten bei der Reichsbank.

Besonders die „modernen" Industrien (Flugzeug- und Fahrzeugbau, Elektrotechnik, Chemie) profitierten von der Aufrüstung. 1936 beauftragte Hitler **Göring** mit der Durchführung des **Vierjahresplans**, nach dem die deutsche Wirtschaft innerhalb von vier Jahren kriegsfähig sein müsse. Dazu müsse Deutschland bei allen kriegswichtigen Produkten vom Ausland unabhängig sein (Autarkie). Die rüstungspolitische Ausrichtung der Wirtschaft brachte eine **Scheinblüte**. Zwar hatte die Kaufkraft der Bevölkerung durch das gestiegene Lohnaufkommen ehemaliger Arbeitsloser zugenommen, dem stand aber kein angemessenes Konsumgüterangebot gegenüber. Hochwertige Nahrungsmittel mussten durch minderwertige Produkte ersetzt werden.

1933	16. 3. 1935	1935
Arbeitsbeschaffungsprogramme	*Wehrpflicht*	*Reichsarbeitsdienst*

Die „Wehrhaftmachung des deutschen Volkes"

Ziel	Mittel	Finanzierung
Autarkie (Vollbeschäftigung)	• Führerprinzip im Betrieb • Vierjahrespläne • Aufhebung der Tarifautonomie • staatliche Preis- und Lohnstopps • Arbeitsbeschaffungsprogramme • Rüstungsprogramme	• Mefo-Wechsel (Staatsverschuldung) • Arbeitseinsatz • Reichsarbeitsdienst • Eroberungen

Wirtschaftspolitik zugunsten der Großindustrie

Die NS-Führung setzte bei der Überwindung der Arbeitslosigkeit und der Realisierung der rüstungswirtschaftlichen Voraussetzungen für die Großmacht- und Lebensraumpolitik auf die privatwirtschaftlich organisierte Großindustrie. Mit der Entmachtung der SA wurden die vagen Vorstellungen, die im Parteiprogramm von „Sozialismus" und „Verstaatlichung" sprachen, endgültig verworfen. Trotz aller dirigistischen Eingriffe in den Arbeits-, Rohstoff- und Kapitalmarkt, die Tarifpolitik und in einzelne Produktionsbereiche wurden der Privatbesitz an Produktionsmitteln und das private Gewinnstreben nicht angetastet.

Die Hoffnungen des Mittelstandes auf eine Verbesserung seiner Lage erfüllten sich nicht. Das **NS-Regime** förderte mit der auf **Rüstung** und Krieg ausgerichteten Wirtschaftspolitik einen Konzentrationsprozess in der Wirtschaft, von dem Kleinbetriebe nicht profitierten. Die Zahl der Selbstständigen nahm kontinuierlich ab.

Wirtschaftspolitik im „totalen Krieg"

Angesichts militärischer Misserfolge und des überlegenen Wirtschaftspotenzials der Alliierten mobilisierte die NS-Führung seit 1942 alle Kräfte. Dank technologischer Modernisierung und Rationalisierung verdreifachte sich die Industrieproduktion bis 1944. Dazu wurden über 7 Millionen ausländischer Arbeitskräfte (vor allem Polen, Ukrainer und Russen) gewaltsam ins Reich deportiert und in den Wirtschaftsprozess eingegliedert (**Zwangsarbeiter**). In Konzentrationslagern Inhaftierte wurden durch die Produktion kriegwichtiger Güter „vernichtet".

1936	1939–1945	ab 1942
„Vierjahresplan"	*Einsatz von Zwangsarbeitern*	*„Totaler Krieg"*

2.5 NS-Sozialpolitik

Zur Durchsetzung ihres Herrschaftsanspruchs zielten die Nationalsozialisten auf eine lückenlose Erfassung und ideologische Umgestaltung des öffentlichen Lebens und des privaten Bereichs.

Die Deutsche Arbeitsfront (DAF)

Nach der **Zerschlagung der Gewerkschaften** (2. 5. 1933) schuf die NS-Führung mit der Deutschen Arbeitsfront (DAF) das Erziehungs- und Kontrollinstrument, das die alten Klassengegensätze aufheben sollte. Die Zusammenfassung von Unternehmern, Angestellten und Arbeitern sollte ein völkisch-nationales Gemeinschaftsbewusstsein ausdrücken:

- Übernahme der Tarifpolitik durch den Staat;
- Beseitigung der Mitbestimmungsrechte in den Betrieben;
- Organisation der Betriebe nach dem Führerprinzip.

Die Gemeinschaft **„Kraft durch Freude"** (KdF) organisierte den Freizeitbereich der Arbeitnehmer mit kulturellen und massentouristischen Veranstaltungen. Ohne Zwang zur Mitgliedschaft, die aber über einen automatisch vom Lohn abgezogenen Beitrag leicht kontrollierbar war, erreichte die DAF 20 Millionen Mitglieder. Da der NS-Staat einen Lohnstopp zur Stabilisierung der Preise verfügt hatte, bestanden die sozialpolitischen Aktionen der DAF vor allem in verbesserten Regelungen zu Urlaub und Freizeit, Arbeitsschutz und Berufsausbildung. Letztlich trug die DAF damit zur – eigentlich von der NS-Ideologie abgelehnten – Modernisierung der Gesellschaft bei.

Frauen im Dritten Reich

Die „Entlastung" des Arbeitsmarktes von Frauen ab 1933 entsprach nicht nur wirtschaftlichen, sondern auch grundsätzlichen ideologischen Vorstellungen der NS-Führung. Hitler sah **Kinderreichtum** aus macht- und rassepolitischen Gründen als Voraussetzung für die Zukunft des Volkes an. Frauen waren Mütter und dem Manne untertane Ehegefährtinnen, sie sollten daher keiner gewerblichen Arbeit nachgehen, sondern sich als Mütter möglichst vieler Kinder für die Familie einsetzen. Die Bereitschaft der Frauen, Kinder zu gebären, wurde propagandistisch (Ehrung durch das „Mutterkreuz") und materiell (Kindergeld, Ehestandsdarlehen, Steuererleichterung) gefördert.

2. 5. 1933	10. 5. 1933	27. 11. 1933
Zerschlagung der Gewerkschaften	*Deutsche Arbeitsfront (DAF)*	*„Kraft durch Freude" (KdF)*

Zwar stieg die Geburtenrate, aber die **Frauenerwerbstätigkeit** nahm nicht ab. Die Ausweitung der Rüstungsproduktion erforderte zwar den verstärkten Einsatz der Frauen, aber eine allgemeine Dienstpflicht für Frauen wie in anderen Krieg führenden Ländern (z.B. Großbritannien) gab es nicht. Die „Schonung" der Frauen im Deutschen Reich wurde durch den Einsatz von „Fremdarbeitern" aus besetzten Ländern ermöglicht.

Nur bei akademischen Berufen konnte zunächst mit staatlichen Mitteln („Numerus clausus", Verbot von Richteramt und Anwaltstätigkeit) der Frauenanteil beschränkt werden. Aber auch hier mussten während des Kriegs Beamtinnen und Akademikerinnen als „Lückenbüßerinnen" wieder eingestellt werden.

Jugend im Dritten Reich

Um die Jugend bemühten sich die Nationalsozialisten in besonderer Weise, sie entfachten dafür einen Jugendkult. Mit dem „Gesetz über die **Hitlerjugend**" (1.12.1936) wurde die HJ neben Familie und Schule zusätzliche Sozialisationsinstanz, damit Staatsjugend und Massenorganisation. In der HJ wurden die Jugendlichen durch die vormilitärische Ausbildung nach dem Befehlsprinzip und körperliche Ertüchtigung („Jugend führt Jugend") diszipliniert. Nur wenige widersetzten sich dem totalitären Erziehungsanspruch durch nonkonformistisches Verhalten.

Der Weg des gleichgeschalteten NS-Bürgers

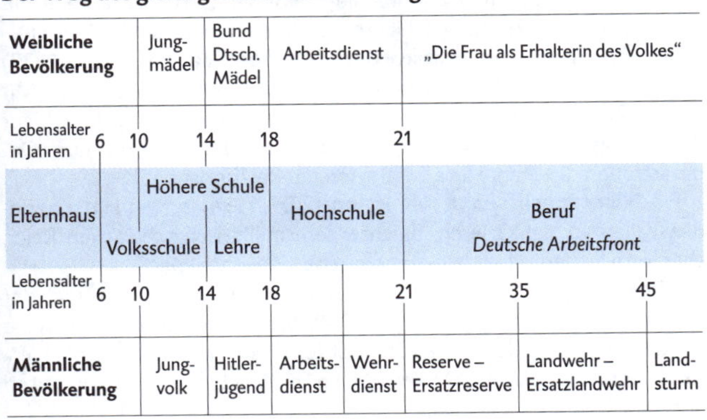

1.12.1936 *HJ-Zwangsmitgliedschaft*

1.12.1936 *„Dienstjahr" für Frauen*

1943 *Dienstverpflichtung für Frauen*

2.6 NS-Außenpolitik

Hitlers langfristiges außenpolitisches Programm sah die Eroberung von „Lebensraum“ im Osten und die Herrschaft der arischen Rasse vor. Nach der Annexion sämtlicher Nachbarstaaten sollte nach seinen Vorstellungen die kommunistische UdSSR zerschlagen und der „jüdische Bolschewismus ausgerottet“ werden. Im Bündnis mit Japan und eventuell Großbritannien sei die deutsche Weltherrschaft auch gegen die USA zu vollenden.

Hitlers Doppelstrategie

Zur Durchsetzung dieses Ziels gab es keinen vorgegebenen Stufenplan. Hitler verfolgte eine Doppelstrategie, indem er taktisch geschickt innenpolitische Krisen und nationale Eigeninteressen der Nachbarn zur Erweiterung seines Handlungsspielraumes ausnutzte, ohne einen Anlass für Interventionen zu bieten. Gezielte **Vertragsbrüche** waren gepaart mit öffentlichen **Friedensbeteuerungen**, die immer wieder Hoffnungen auf eine friedliche Regelung der deutschen Forderungen weckten.

Friedensbeteuerung und Aufrüstung

Um zunächst die politische und militärische Gleichberechtigung des Deutschen Reichs und verstärkten Einfluss in Ostmitteleuropa zu erreichen, suchte Hitler zur Überwindung des französischen Widerstands das Einvernehmen mit Großbritannien. In diesen Zielen stimmte er mit den traditionellen Führungsschichten der Weimarer Republik überein.

Der Abschluss eines **Konkordats mit dem Vatikan** (20. 7. 1933) brachte der neuen Reichsregierung erheblichen Prestigegewinn. Mit breiter Zustimmung der Bevölkerung verließ Deutschland die Genfer Abrüstungskonferenz und den **Völkerbund** (14. 10. 1933), eine Demonstration der Stärke und der Beginn der Revisionspolitik.

Ein **Nichtangriffspakt mit Polen** (26. 1. 1934) schien Hitlers Friedenswillen zu signalisieren, brachte dem militärisch schwachen Reich aber auch Sicherheit vor einem polnischen Präventivkrieg.

Rückschläge für Hitlers außenpolitische Reputation waren der „Röhm-Putsch“ und der Wiener NS-Putsch, bei dem der österreichische Bundeskanzler Dollfuß ermordet wurde. Hitler gab zunächst die Versuche der Angliederung Österreichs an das Deutsche Reich zugunsten der Annäherung an Italien auf.

Juli 1933	*Oktober 1933*	*1934*	*März 1935*
Konkordat mit dem Vatikan	*Völkerbunds-austritt*	*Nichtangriffspakt mit Polen*	*Angliederung des Saarlandes*

Die **„Rückführung" des Saarlandes** (1. 3. 1935), für die die Saarländer in einer Volksabstimmung mit großer Mehrheit votiert hatten, brachte dem NS-Regime erneut innenpolitischen und internationalen Prestigegewinn.

Auch die Einführung der **allgemeinen Wehrpflicht** (16. 3. 1935) erfolgte mit breiter Zustimmung der Deutschen. Internationale Anerkennung erhielt diese einseitige Aufhebung einer zentralen Bestimmung des Versailler Vertrags mit dem Abschluss eines **Flottenabkommens mit England** (18. 6. 1935), das der deutschen Kriegsmarine 35 % der englischen Stärke einräumte.

Den Angriff Italiens, Garantiemacht des Vertrags von Locarno, auf Abessinien nutzte Hitler für den **Einmarsch ins entmilitarisierte Rheinland** (7. 3. 1936) und die Kündigung des Locarno-Vertrags.

Die neuen Bündniskonstellationen

Mit dem Vertrag über die **„Achse Berlin-Rom"** (25. 10. 1936) begann eine deutsch-italienische Kooperation, die an die Stelle der zunächst gewünschten deutsch-englischen trat. Das Bündnis zwischen Hitler und Mussolini löste Italien aus der antideutschen Front und verschob die Gewichte in Europa zugunsten der faschistischen Staaten.

Ausdruck der zunehmenden Aggressivität Deutschlands war der mit Japan abgeschlossene **„Antikominternpakt"** (25. 11. 1936) zur Bekämpfung des Kommunismus. Italien trat dem Pakt 1937 bei.

Im **spanischen Bürgerkrieg** setzte Hitler seine neue Luftwaffe („Legion Condor") zur Unterstützung des faschistischen Generals Franco ein und entschied damit den Krieg.

Das Wendejahr 1937

1937 hatte Hitler wichtige Beschränkungen des Versailler Vertrags revidiert. Die folgende Radikalisierung der Außenpolitik zeigt das **„Hoßbach-Protokoll"**, die Mitschrift einer Besprechung Hitlers mit den Spitzen der Wehrmacht und des Auswärtigen Amtes. Zur Gewinnung neuen „Lebensraumes im Osten" dürfe auch vor Krieg nicht zurückgeschreckt werden. Der erste Stoß müsse sich gegen Österreich und die Tschechoslowakei richten. Damit war eindeutig der Schritt zur internationalen Expansion eingeschlagen, bei der der **Krieg** zur Erreichung der Ziele nicht mehr gescheut wurde. Reichskriegsminister von Blomberg und der Oberbefehlshaber des Heeres, von Fritsch, äußersten sich kritisch zu Hitlers Plänen und wurden entlassen.

Juni 1935	*November 1936*	*November 1936*	*1937*
Flottenabkommen mit England	*Achse Berlin – Rom*	*Antikominternpakt*	*Hoßbach-Protokoll*

2.7 Der Weg in den Zweiten Weltkrieg

Der „Anschluss" Österreichs und die Sudetenkrise

Der Versailler Vertrag hatte eine Vereinigung Deutschlands und Österreichs untersagt. Dennoch gab es in beiden Ländern immer wieder Bestrebungen für einen Zusammenschluss. Hitler steuerte jedoch keine friedliche Lösung, sondern eine Übernahme nach dem Muster der NS-„Machtergreifung" an. Dank der verbesserten deutsch-italienischen Kooperation isolierte er Österreich und erhielt Mussolinis Zusage, einer **Angliederung Österreichs** an Deutschland nicht im Wege zu stehen.

Mit dieser Absicherung verlangte Hitler vom österreichischen Bundeskanzler Schuschnigg die Aufnahme von Nationalsozialisten in die Regierung (**„Berchtesgadener Abkommen"**). Als dieser nachgab, aber eine Volksabstimmung über die Unabhängigkeit Österreichs einleitete, forderte Hitler ultimativ seinen Rücktritt (11. 3. 1938) und die Einsetzung des NS-Führers Seyß-Inquart zum Bundeskanzler. Obwohl Schuschnigg auch hier nachgab, ließ Hitler am darauf folgenden Tag deutsche Truppen in Österreich einmarschieren. In einem **Plebiszit** holte sich Hitler, der die „Ostmark heim ins Reich geholt habe", nachträglich die überwältigende Zustimmung der Österreicher für den „Anschluss".

In der **Sudetenkrise** veranlasste Hitler den Führer der Sudetendeutschen Partei Henlein, immer höhere Forderungen zum Selbstbestimmungsrecht der deutschen Minderheit zu stellen und drohte mit dem Einmarsch in die Tschechoslowakei. Die Wehrmacht, deren kriegsunwillige Spitze in der „Blomberg-Fritsch-Krise" abgelöst und Hitlers Oberbefehl unterstellt war, bereitete befehlsgemäß den Angriff vor. Im **„Münchener Abkommen"** (30. 9. 1938) gelang es dem französischen Premier Daladier und dem britischen Premier Chamberlain unter Vermittlung Mussolinis, den Krieg zu verhindern. Die Tschechoslowakei, die in München nicht teilnehmen durfte, musste gegen eine vage Sicherheitsgarantie das Sudetengebiet abtreten. Hitler hatte seine Großmachtpolitik durchsetzen können, aber sein eigentliches Ziel, die Zerschlagung der Tschechoslowakei, nicht erreicht.

Die Appeasement-Politik

Das britische Nachgeben gegenüber Hitlers Forderungen entsprang dem Versuch, den Frieden durch internationale Entspannung zu stabilisieren (Appeasement). Angesichts von Wirtschaftsproblemen, Unabhängig-

Februar 1938	März 1938	1938	30. 9. 1938
Hitler Oberbefehlshaber der Wehrmacht	*Anschluss Österreichs*	*Sudetenkrise*	*Münchener Abkommen*

keitsbestrebungen innerhalb des Empire und geringer Kriegsneigung in der Bevölkerung waren die britische Öffentlichkeit und Regierung zu Zugeständnissen bereit. Erst unter dem Einfluss der aggressiven deutschen Außenpolitik begannen England und Frankreich aufzurüsten.

Der deutsche Einmarsch in Prag am 15. 3. 1939 war ein Bruch des Münchener Abkommens. Das **„Protektorat Böhmen und Mähren"** wurde unter den „Schutz" des Deutschen Reichs gestellt. Die deutsche Aggressivität zwang auch die Slowakei unter „deutschen Schutz" und Litauen zur Rückgabe des Memelgebiets. Nach der so genannten **„Zerschlagung der Rest-Tschechei"** gaben Großbritannien und Frankreich die Appeasementpolitik auf und garantierten Polen seine Sicherheit (31. 3. 1939).

Der deutsch-sowjetische Nichtangriffspakt

Der von Ribbentrop und Molotow, den Außenministern des Deutschen Reichs und der Sowjetunion, am 23. 8. 1939 unterzeichnete **Hitler-Stalin-Pakt** (Deutsch-sowjetischer Nichtangriffspakt) überraschte die Weltöffentlichkeit. Zwar waren kurz zuvor britisch-französich-russische Gespräche gescheitert, doch die Verständigung der ideologischen Todfeinde wird erst durch das **geheime Zusatzprotokoll** verständlich. Darin einigten sich die beiden Diktatoren über die **Aufteilung Polens**. Während Stalins Motive abgesehen von den territorialen Gewinnen weiterhin unklar bleiben, hoffte Hitler die Westmächte im deutsch-polnischen Konflikt von einer Intervention abzuhalten, zumindest aber Rückenfreiheit im Osten und die Isolierung Polens.

Der Überfall auf Polen

Die Kriegsvorbereitungen gegen Polen waren zum Zeitpunkt des Nichtangriffspakts bereits weit fortgeschritten. Im April 1939 hatte Hitler den deutsch-polnischen Nichtangriffsvertrag aufgekündigt und mit Italien ein Bündnis abgeschlossen (Stahlpakt, 22. 5. 1939).

Der Überfall auf Polen begann am 1. 9. 1939 nach fingierten Grenzzwischenfällen und ohne Kriegserklärung. Frankreich und Großbritannien erklärten dem Deutschen Reich den Krieg (3. 9.), eröffneten aber keine Westfront. Nach dem Einmarsch der Roten Armee (17. 9.) war Polen am 6. 10. erobert und wurde aufgeteilt.

Nach der Eroberung Polens wurden Danzig, Posen, Westpreußen und Oberschlesien ins Reich eingegliedert und aus dem restlichen Territorium das **„Generalgouvernement"** gebildet.

März 1939	August 1939	1. 9. 1939	6. 10. 1939
Einmarsch in Prag	*Hitler-Stalin-Pakt*	*Überfall auf Polen*	*Eroberung Polens*

2.8 Der Verlauf des Zweiten Weltkriegs

Die „Blitzkriege"

Nach dem bereits in Polen erfolgreichen Blitzkrieg erfolgten auch die Feldzüge gegen Dänemark, Norwegen, die Benelux-Staaten, Frankreich, Griechenland und Jugoslawien nach dieser Taktik: Mit schnellen Vorstößen gepanzerter Verbände weit in das feindliche Territorium sollten die verteidigenden Truppen eingekesselt und vernichtet werden.

Bevor Hitler den Feldzug im Westen eröffnete, besetzten deutsche Truppen zur Absicherung der Nordflanke im April 1940 **Dänemark** und **Norwegen** (Operation Weserübung). Der Angriff auf die **Benelux-Staaten** und **Frankreich** (10. 5. 1940) nach Monaten des „Sitzkriegs" endete mit einem alliierten Desaster. Frankreich musste am 22. 6. 1940 kapitulieren. Der nicht besetzte Teil Frankreichs **(Vichy-Frankreich)** kollaborierte mit Deutschland. Von französischen Stützpunkten aus ließ Hitler mit der „Luftschlacht über England" die Invasion Englands vorbereiten.

Italien war auf deutscher Seite in den Krieg eingetreten und hatte Ägypten und Griechenland angegriffen. Deutschland griff auf beiden Kriegsschauplätzen (April 1941) ein und besetzte Jugoslawien und Griechenland. In Afrika stieß General Rommel bis nach Ägypten vor.

Der Krieg gegen die Sowjetunion

Mit dem Überfall auf die Sowjetunion („Unternehmen Barbarossa", 22. 6. 1941) rückte für Hitler das eigentliche Ziel seiner Expansionspolitik in den Vordergrund: Die Gewinnung von **„Lebensraum"** für deutsche Siedler, die Auslöschung der „jüdisch-bolschewistischen Führungsschicht" und des osteuropäischen Judentums sowie die Unterwerfung der Slawen unter das deutsche „Herrenvolk".

Nach anfänglichen Erfolgen scheiterte die Blitzkriegstrategie trotz über sechs Millionen russischer Gefangener. Stalin mobilisierte für den „Großen Vaterländischen Krieg" alle Reserven und wehrte den Angriff auf Moskau Ende 1941 ab.

Der Krieg gegen die UdSSR war von Anfang an als **Weltanschauungskrieg** konzipiert. Er wurde gegen die Regeln des Völkerrechts geführt. Nach dem **„Kommissarbefehl"** waren zum Beispiel alle politischen Kommissare der Sowjetregierung zu liquidieren. Einsatztruppen der SS, aber auch der Wehrmacht, begannen mit der planmäßigen Ermordung der sowjetischen Juden. Fast drei Millionen **„Ostarbeiter"**

1940	1940	1941	22. 6. 1941
Besetzung Dänemarks, Norwegens	*Angriff auf Frankreich und Beneluxstaaten*	*Besetzung Jugoslawiens, Griechenlands*	*Angriff auf die Sowjetunion*

wurden ins Reich deportiert, sechs Millionen Menschen als **Zwangsarbeiter** im besetzten Gebiet eingesetzt. Der „Generalplan Ost" sah eine Germanisierung der besetzten Gebiete und die Vertreibung der Bevölkerung nach Sibirien vor.

Beim Rückzug der deutschen Truppen befahl Hitler die Zerstörung und Verwüstung („verbrannte Erde") des aufzugebenden Gebietes.

Der Kriegseintritt der USA und die Kriegswende

Die Zuspitzung des Konflikts zwischen den USA und Japan um die politische und wirtschaftliche Vormachtstellung in Asien gipfelte im Überfall japanischer Streitkräfte auf den Flottenstützpunkt **Pearl Harbor** (7. 12. 1941). Ohne dazu verpflichtet zu sein, erklärte Hitler den USA den Krieg.

Um die US-Hilfe für Großbritannien und die Sowjetunion zu stoppen, weitete die deutsche Führung den **U-Boot-Krieg** bis an die US-Küste aus. Nach anfänglichen deutschen Erfolgen gegen die Nachschubkonvois gelang es der alliierten Abwehr, immer mehr deutsche U-Boote zu versenken. Die deutsche Schlachtflotte spielte während des Seekriegs keine wichtige Rolle.

Der Vorstoß der 6. Armee in Südostrussland endete mit ihrer Kapitulation in **Stalingrad** im Winter 1943. Dieser Untergang von einer Viertelmillion Soldaten wird als **Kriegswende** angesehen. Es gelang der deutschen Führung nicht mehr, den russischen Angriffen standzuhalten und die riesige Ausdehnung der Fronten aufrechtzuhalten. Der Rückzug begann an der Südfront, wo deutsche Truppen bis zum Kaukasus vorgestoßen waren. Der letzte deutsche Großangriff bei Kursk schlug fehl. Im Sommer 1944 wurde der deutsche Mittelabschnitt zertrümmert, die Blockade von Leningrad durchbrochen. Die Rote Armee erreichte Polen, ohne allerdings die Deutschen an der Niederschlagung des Warschauer Aufstandes (August 1944) zu hindern.

Im November 1942 hatten die West-Alliierten in Marokko und Algerien eine zweite Front eröffnet und die Deutschen in Nordafrika zur Kapitulation gezwungen. Nach der Landung in Italien (Juli 1943) erfolgte die alliierte Invasion unter General Eisenhower an der Atlantikküste (6. 6. 1944) in der **Normandie**. Innerhalb weniger Monate hatten die alliierten Verbände Frankreich und die Benelux-Staaten befreit.

Im Winter 1944/45 stieß die **Rote Armee** über Ostpreußen nach Deutschland hinein und eroberte in überaus verlustreichen Kämpfen **Berlin**. Hitler beging in seinem Führerbunker Selbstmord (30. 4. 1945).

7. 12. 1941	1942/43	November 1942	September 1943
Pearl Harbor	*Stalingrad*	*Alliierte in Nordafrika*	*Alliierte in Italien*

Trotz der feststehenden Niederlage kämpften die deutschen Truppen auch nach Hitlers Tod bis zur Kapitulation weiter. In den letzten 12 Monaten waren die deutschen Verluste genauso hoch wie im ganzen Kriegsverlauf bis Sommer 1944 zusammen, da Fanatismus, Angst vor der Rache der Sieger und die vom NS-Regime propagierte „Verantwortung für das Ganze" stärker wirkten als Kriegsmüdigkeit oder Scham über die deutschen Gräueltaten.

Der Bombenkrieg

Mit dem Kriegeintritt der USA machte sich das überlegene ökonomische Potenzial der Alliierten bemerkbar. Zu Land, zur See und in der Luft gewannen sie ein Übergewicht, dem die Deutschen kaum etwas entgegensetzen konnten. Britische und amerikanische Bomberverbände versuchten, mit **Flächenbombardements** von Städten, Industrieanlagen und Wohngebieten die Moral der **Zivilbevölkerung** im totalen Krieg zu erschüttern, und zerstörten die meisten deutschen Großstädte.

Die Entscheidung im Pazifik

Nach Ausschaltung der amerikanischen und britischen Truppen in Malaysia, Burma und den Philippinen eroberte Japan fast ganz Südostasien. Im Kampf um die Inseln im Pazifik spielten die Seestreitkräfte beider Länder die Hauptrolle. In der Seeschlacht bei **Midway** (3.–6.6.1942) gelang den US-Flugzeugträgern ein wichtiger Sieg über die japanische Marine, der amerikanische Gegenangriffe und die Eroberung der pazifischen Inseln erlaubte. Das Wirtschaftspotenzial der USA ermöglichte die Kriegsführung an zwei Schauplätzen zugleich und führte zu einer materiellen Überlegenheit mit dem Einsatz mehrerer großer Flottenverbände zur gleichen Zeit. Dem konnte Japan nichts Gleichwertiges entgegensetzen. Während im Oktober 1944 die US-Streitkräfte mit der Rückeroberung der Philippinen begannen, drängten zugleich die Briten in Burma die Japaner zurück. 1945 waren die Amerikaner so weit an Japan herangerückt, dass Tokio und andere Großstädte bombardiert werden konnten. Nach dem Abwurf der **Atombombe** auf Hiroshima (6.8.) und Nagasaki (9.8.) sowie dem Kriegseintritt der UdSSR (8.8.) kapitulierte Japan (2.9.1945).

6.6.1944	August 1944	7./8.5.1945	8./9.8.1945
Landung in der Normandie	*Warschauer Aufstand*	*deutsche Kapitulation*	*Atombomben auf Hiroshima, Nagasaki*

2.9 Die Kriegskonferenzen

Atlantik-Charta

Bald nach dem deutschen Überfall auf die Sowjetunion hatten sich der britische Premier **Churchill** und US-Präsident **Roosevelt** bei einem Treffen auf dem Atlantik auf ein mit der UdSSR abgestimmtes Vorgehen gegen das Deutsche Reich und Ziele eines künftigen Friedens verständigt (**Atlantik-Charta**, 18.8.1941). Zu ihnen gehörten die Forderungen nach Selbstbestimmungsrecht der Völker und Zustimmungsrecht betroffener Völker bei territorialen Änderungen, internationale wirtschaftliche Zusammenarbeit, freier Zugang zu Rohstoffen und Freiheit der Meere, Rüstungsabbau und Entwaffnung aggressiver Staaten und die Schaffung eines Systems umfassender und dauerhafter Sicherheit. Die UdSSR und weitere 25 Staaten schlossen sich Anfang 1942 den Grundsätzen der Charta an. Auf der Grundlage der Atlantik-Charta wurden nach Kriegsende die **Vereinten Nationen** (UNO) gegründet.

Die Konferenzen von Casablanca, Teheran und Jalta

Auf der Konferenz von **Casablanca** (24.1.1943) hatten Churchill und Roosevelt die **„bedingungslose Kapitulation"** Deutschlands, Japans und Italiens vereinbart und Stalin damit versichert, dass die West-Alliierten keinen Sonderfrieden anstrebten.

In **Teheran** (28.11.–1.12.1943) beschlossen die USA, Großbritannien und die UdSSR die Aufteilung des besiegten Deutschlands in Besatzungszonen. Zugleich gestanden Churchill und Roosevelt Stalin als Entschädigung für die Hauptlast des Kriegs die Westverschiebung der UdSSR und Polens bis an die Oder zu.

Während der letzten Kriegskonferenz in **Jalta** (4.–11.2.1945) rückte die Nachkriegsordnung Deutschlands und Europas in den Vordergrund. Frankreich wurde als vierter Besatzungsmacht aus Teilen der britischen und amerikanischen eine eigene Zone zugesprochen. Weil die USA Stalin im Krieg gegen Japan als Verbündeten gewinnen und Deutschland wieder in die Weltwirtschaft integrieren wollten, blieb die sowjetische Zone unangetastet und damit dem westlichen Einflussbereich entzogen. Zugleich wurde die **Westverschiebung** der russischen Grenze vereinbart. Die polnischen Verluste sollten durch deutsche Gebiete bis zur Oder und Neiße ausgeglichen werden.

1941	*Januar 1943*	*November/Dezember 1943*	*Februar 1945*
Atlantik-Charta	*Casablanca*	*Teheran*	*Jalta*

Karte
Deutschland 1938–1945

SCHWEDEN
Memelland
1939 dt.
Königsberg
Danzig
Stutthof
1939 dt.
Sudauen
1939 dt.
Danzig-
Westpreußen
Bezirk
Bialystok
seit 1941
Weichsel
Treblinka
Wartheland
Chelmno
Sobibor
Majdanek
Breslau
oß Rosen
Generalgouvernement
seit 1939
Belzec
esienstadt
Auschwitz
Distrikt
Lemberg
1941 zum
Generalgouv.
Sudetenland
1938 dt.
Protektorat
hmen und Mähren
seit 1939
SLOWAKEI
seit 1939 unter dt. „Schutz"
uthausen
UNGARN
Deutsches Reich in den Grenzen von 1937
Gebietserweiterungen vor Ausbruch des Zweiten Weltkrieges
Gebietserweiterungen während des Zweiten Weltkrieges bis Juni 1941
Gebietserweiterungen nach Ausbruch des Krieges mit der Sowjetunion
a r k
üd-
ermark
1 dt.

2.10 NS-Rassenpolitik und Judenvernichtung

Die Umsetzung der rassepolitischen, antisemitischen Ideologie des Nationalsozialismus begann mit Terroraktionen und legalisierter Diskriminierung bzw. Vertreibung:

- reichsweite Boykottaktion (1.4.1933) gegen jüdische Geschäfte;
- „Gesetz zur Wiederherstellung des Berufsbeamtentums": Ausschluss von Personen „nichtarischer Abstammung", also Juden, aus dem Beamtentum. Beispielsweise für ehemalige Kriegsteilnehmer galt eine Ausnahmeregelung.

Der **„Arierparagraph"** wurde als Vorbild für andere Berufsgruppen übernommen. Ein stiller Boykott gegen jüdische Ärzte und Rechtsanwälte entzog vielen die Existenzgrundlage. Infolge dieser „Arisierung" der Bevölkerung wurden Juden aus dem Berufs- und Wirtschaftsleben gedrängt. Jüdische Geschäftsinhaber erhielten beim Verkauf nur einen Bruchteil des realen Vermögenswertes. Die Verschleuderung zu Niedrigstpreisen war zugleich eine **Ausbeutung** der Juden. Sie waren nach der NS-Ideologie keine Mitglieder der „Volksgemeinschaft" und hatten daher auch keinen Anspruch auf Teilhabe am Gemeinnutz des Volkes. Die Hoffnung auf eine Besserung der Lage und die Verwurzelung in der deutschen Kultur hielt die Zahl der jüdischen Emigranten relativ gering. Sie blieb bis 1941 unter 300 000 Personen.

Die Nürnberger Gesetze

Mit den Nürnberger Gesetzen wurden die Juden aus der deutschen „Volksgemeinschaft" ausgeschlossen. Das „Gesetz zum Schutz des deutschen Blutes und der deutschen Ehre" verbot Nichtjuden Ehen und Geschlechtsverkehr mit Juden und die Beschäftigung von „Arierinnen" unter 45 Jahren in jüdischen Haushalten. Juden durften nicht mehr die „Reichsflagge" zeigen. Mit dem „Reichsbürgergesetz" wurden ihnen die vollen politischen Rechte genommen. In der Folge wurden Menschen jüdischer Abstammung in „Voll-" und „Halbjuden" sowie „Mischlinge" kategorisiert. Seit dem 1.1.1939 mussten sie zusätzlich den Vornamen Sara bzw. Israel annehmen.

Die Reichspogromnacht

Das Attentat eines Juden auf einen deutschen Botschaftsangehörigen in Paris diente den Nationalsozialisten als Vorwand für das reichsweit organisierte Pogrom vom 9./10.11.1938. Fast alle Synagogen wurden zer-

1.4.1933	15.9.1935	9./10.11.1938
Boykottaktionen	*Nürnberger Gesetze*	*Reichspogromnacht*

stört, jüdische Geschäfte demoliert und geplündert, Friedhöfe geschändet. Nach der von SA und SS durchgeführten Aktion, im Sprachgebrauch des NS-Regimes „Kristallnacht“, mussten die Juden als „Sühneleistung“ eine Milliarde Reichsmark zahlen. Die Führung von Geschäften und Betrieben wurde ihnen verboten, jüdische Schüler wurden aus deutschen Schulen ausgewiesen.

Etappen der NS-Rassenpolitik

1933–1935	Geschäftsboykott, Entfernung aus öffentlichem Dienst, „Ariernachweis“
1935–1938	Nürnberger Rassegesetze, Aberkennung der bürgerlichen Rechte
1938–1942	Reichspogrom, Arisierung jüdischer Geschäfte, Vornamen „Sara“ bzw. „Israel“, Beginn der Deportationen
1942–1945	obligatorischer Judenstern, Ghettoisierung, Wannsee-Konferenz, Völkermord

Der Holocaust

Die physische Vernichtung der Juden als letzter Schritt der Judenverfolgung war von langer Hand vorbereitet. Himmler unterstanden als Chef der Deutschen Polizei auch die Gestapo, der Sicherheitsdienst (SD) und die SS, die ihre Arbeit nun koordinierten. SS-Totenkopfverbände übernahmen die Bewachung der Konzentrationslager, in denen Gegner des Systems gequält und umgebracht wurden. Juden wurden zunächst in **Ghettos** im besetzten Polen umgesiedelt.

Auf der **Wannsee-Konferenz** koordinierten Partei und Ministerien unter der Leitung Heydrichs die **„Endlösung** der Judenfrage“: Ausbau von Konzentrations- zu Vernichtungslagern und „industrielle“ Vernichtung von Menschen mit Gas. Wenig später liefen die ersten Judentransporte aus Westeuropa und Deutschland, dann aus allen Teilen des NS-Herrschaftsgebiets an. Allein in den KZs Auschwitz, Treblinka, Chelmno, Sobibor und Majdanek wurden 3 000 000 Juden und mehr als 200 000 Sinti und Roma bis zur Befreiung durch die Sowjetarmee ermordet. Hunderttausende waren von „Einsatzgruppen“ in Russland erschossen worden. Der Aufstand des **Warschauer Ghettos** (April 1943) ist herausragendes Beispiel für – erfolglosen – bewaffneten Widerstand der Juden.

20. 1. 1942	1942–1944	27. 1. 1945
Wannsee-Konferenz	*„Endlösung“ der Judenfrage*	*Befreiung von Auschwitz*

2.11 Widerstand

Insgesamt leisteten nur wenige Personen (ca. 7 000) Widerstand gegen das NS-Regime. Die Widerstandsformen reichten vom Versuch der aktiven **Beseitigung Hitlers** durch politische Verschwörergruppen bis hin zu Widerstandshandlungen im Kleinen und **„innerer Emigration"** mit zivilem Ungehorsam und gesellschaftlicher Verweigerung.

Die Mehrheit der Deutschen sah im NS-Staat einen Garanten für Ordnung, wirtschaftlichen Wiederaufstieg und Stabilität nach Jahren des Niedergangs. Die Zustimmung zum Regime stieg mit den außenpolitischen Erfolgen Hitlers, sodass Widerstand von der NS-Propaganda mit Verrat gleichgesetzt werden konnte.

Arbeiterwiderstand

Der Arbeiterwiderstand war behindert durch die Spaltung von Sozialdemokraten und Kommunisten. Die KPD konnte durch den Verfolgungsterror des NS-Regimes und der Verhaftung ihrer Spitzenfunktionäre nur **Untergrundarbeit** leisten. Die SPD-Führung hatte sich 1933 ins Exil abgesetzt. In Deutschland war nur Kontaktpflege und individuelle Hilfe möglich. Nach der Zerschlagung der Gewerkschaften blieb nur der Weg in die Illegalität, ohne nennenswerte Wirkungsmöglichkeiten.

Die Haltung der Kirchen

Die Amtskirchen leisteten keinen Widerstand. Die **evangelische Kirche** war mithilfe der „Glaubensbewegung Deutscher Christen" gleichgeschaltet. Ein Drittel der Pfarrer schloss sich im „Pfarrernotbund" zusammen, der eine Zusammenarbeit mit dem NS-Regime ablehnte. Ihr Initiator Niemöller wurde verhaftet und blieb bis 1945 im Konzentrationslager. Gegen die staatliche Einmischung in innerkirchliche Angelegenheiten trat seit 1934 die „Bekennende Kirche" auf.

In der **katholischen Kirche** gab es kaum öffentlichen Widerspruch. Eine Ausnahme bildete der Bischof von Münster, Graf von Galen, der die Tötung Kranker und Behinderter in seinen Predigten verurteilte. Nach dem gemeinsamen Protest der Kirchen wurde das „Euthanasie"-Programm eingestellt.

Kreisauer Kreis und Rote Kapelle

Der „Kreisauer Kreis" legte seit 1940 die geistigen Grundlagen zur Überwindung der gesellschaftlichen Spaltung Deutschlands für die Zeit nach

1934 – *Bekennende Kirche*

1940–1944 – *Kreisauer Kreis*

dem Zusammenbruch des Dritten Reiches. Seinen führenden Mitgliedern von Moltke, York von Wartenberg, Reichwein, Delp und Gerstenmaier schwebte ein national-konservatives Deutschland vor. Nach der Verhaftung Moltkes 1944 löste sich der Kreisauer Kreis auf.

Das Widerstandsnetz der **„Roten Kapelle"** (Harro Schulze-Boysen, Mildred und Arvid Harnack) versorgte bis 1942 die russische Führung mit militärischen Informationen. Nach ihrer Entdeckung wurden die meisten Mitglieder hingerichtet.

Die militärische Opposition

Die Reichswehrführung arbeitete zunächst mit den Nationalsozialisten zusammen. Erst die Kriegspläne Hitlers stießen auf den Widerstand des Kriegsministers Blomberg und von Generaloberst von Fritsch. Sie wurden von Hitler 1938 entlassen. Auch dem Chef des Generalstabs des Heeres, Generaloberst von Beck, den National-Konservativen um Carl Goedeler sowie Henning von Tresckow gelang es nicht, eine kollektive Gehorsamsverweigerung der Generalität bzw. einen Staatsstreich gegen Hitler zu organisieren. Zumindest bis zur Niederlage von Stalingrad standen die Militärs loyal zum Regime. Erst 1944 fand sich mit Oberst Claus Graf Schenk **von Stauffenberg** eine Person mit direktem Zugang zu Hitler, der sich zur Durchführung eines Sprengstoff-Attentats bereit erklärte.

Der **Bombenanschlag** am 20. 7. 1944 misslang, Hitler überlebte. Die bereits zusammengestellte Regierung und andere Beteiligte, insgesamt fast 200 Personen, wurden verhaftet, sofort erschossen oder in aufwändigen Schauprozessen zum Tode verurteilt und hingerichtet.

Die Verweigerung der Jugend

Die bekannteste studentische Widerstandsgruppe war die **„Weiße Rose"** an der Universität München. Ihr Kern (Hans und Sophie Scholl, Alexander Schmorell) wurde nach dem Verteilen von Flugblättern mit Anti-Hitler-Parolen verhaftet und hingerichtet.

Viele Jugendliche entzogen sich dem totalitären Erziehungsanspruch des NS-Regimes durch die Bildung oppositioneller Gruppen (**„Edelweißpiraten"**, Rhein-Ruhr-Gebiet; **„Swing-Jugend"**, Hamburg). Sie vertraten aber kein politisches Konzept, sondern grenzten sich durch Kleidung, Abhören feindlicher Sender und eigenes Liedgut gegen die uniformierte Hitlerjugend ab. Auch diese Gruppen wurden durch Verhaftungen und z. T. sogar durch Hinrichtungen zerschlagen.

1940–1942	1942/43	20. 7. 1944
„Rote Kapelle"	*„Weiße Rose"*	*Attentat auf Hitler*

Deutschland und die Welt nach 1945

Nach Ende des Zweiten Weltkriegs zerbrach die Zusammenarbeit von USA und UdSSR in der Anti-Hitler-Koalition. Das besiegte Deutschland war Schauplatz des direkten Aufeinandertreffens ihrer konkurrierenden Ideologien, das Westdeutschland in das freiheitlich-kapitalistische bzw. Ostdeutschland in das totalitär-sozialistische Lager führte. Der **Ost-West-Konflikt** führte zur Teilung Deutschlands, Europas und der Welt. Die beiden deutschen Staaten hatten daher nur begrenzte Möglichkeiten, sich eigenständig zu entfalten und eigenverantwortlich die Teilung Deutschlands zu überwinden. Ihr Verhältnis zueinander und die **„Deutsche Frage"** spiegelten als Krisengebiet der Weltpolitik und als Testfall der Entspannung das Verhältnis der Weltmächte bis zur Wiedervereinigung.

In Westeuropa trat an die Stelle Jahrhunderte langer Konflikte der Ausgleich und eine wirtschaftliche sowie politische Zusammenarbeit. Im Rahmen dieser **europäischen Integration** entwickelte sich die Bundesrepublik zu einem zuverlässigen und berechenbaren Partner des westlichen Bündnisses. Nach dem Zusammenbruch der UdSSR und des Ostblocks gewann die Einigung Europas eine Bedeutung, die über Wirtschaftsfragen hinausreichte. Mit der Vergrößerung der Europäischen Union im Zuge der Osterweiterung nimmt das geeinte Europa eine zentrale Rolle in der Weltpolitik ein.

Neben dem Ost-West-Konflikt waren die letzten 50 Jahre zugleich durch den **Nord-Süd-Konflikt** geprägt. Krisen in den neuen Staaten Afrikas und Asiens verhinderten die politische und wirtschaftliche Gleichberechtigung der ehemaligen Kolonien.

Zu Beginn des 21. Jahrhunderts haben sich mit dem Aufstieg Chinas und Indiens politische Gewichte nach Asien verschoben. Neue Konfliktfelder, der weltweite **Terrorismus** und **religiöser Fundamentalismus** erfordern ein abgestimmtes Verhalten der Weltgemeinschaft, das den Interessen aller Beteiligten entspricht und die friedliche Beilegung der Krisen ermöglicht.

1945	1949	ab 1957	1990
Ende des Zweiten Weltkriegs	*Bundesrepublik und DDR*	*Europäische Integration*	*Wiedervereinigung Deutschlands*

1 Deutschland nach 1945: geteilt – vereint

1.1 Das Kriegsende: Deutschland in der Stunde „Null“

Bedingungslose Kapitulation

Am **7. Mai 1945** unterzeichnete Generaloberst Jodl gegenüber den Westmächten in Reims, am 8. Mai Generalfeldmarschall Keitel in Berlin-Karlshorst gegenüber der UdSSR die bedingungslose Kapitulation der deutschen Wehrmacht. Damit war der Zweite Weltkrieg in Europa beendet. Deutschland war fast vollständig von den Alliierten erobert, Berlin von der Roten Armee besetzt. Das „Dritte Reich“ war eine Woche nach dem Selbstmord Hitlers militärisch zerschlagen. Als die Kapitulation am 8. Mai in Kraft trat, existierte der deutsche Staat nicht mehr. Der Zweite Weltkrieg hatte insgesamt über 55 Millionen Tote gefordert, davon ca. 40 Millionen in Europa.

Zerstörtes Deutschland

Deutschland hatte den Zweiten Weltkrieg begonnen und musste ihn als Verlierer mit **hohen Verlusten** bezahlen:

- 7 Millionen gefallene deutsche Soldaten
- 2,5 Millionen Tote bei Flucht und Vertreibung
- 0,5 Millionen Opfer des Bombenkriegs
- 2,5 Millionen schwer Verwundete
- 11 Millionen Soldaten in Kriegsgefangenschaft

Die Siegermächte besetzten ein zerstörtes Land. Über 10 % der deutschen Bevölkerung hatten den Krieg nicht überlebt. Bombenkrieg und Kämpfe hatten Deutschland in ein Trümmerfeld verwandelt. Ein Drittel, in größeren Städten **bis zu 75 % aller Wohnungen** waren zerstört. Eisenbahn- und Fernstraßennetz waren schwer beschädigt, Brücken gesprengt, Wasserwege blockiert. Zahllose Menschen irrten durch die **Trümmerlandschaft** auf der Suche nach Unterkunft oder Angehörigen. Das Chaos wurde vergrößert durch fast 10 Millionen Displaced Persons (DP’s); z. B. Ost- und Fremdarbeiter, die während des Kriegs nach Deutschland verschleppt worden waren.

8. 5. 1945 *Kapitulation Deutschlands*

1945 *„Stunde Null“*

Da Industrie und Landwirtschaft weder Nahrungsmittel noch Kleidung, einfache Gebrauchsgüter oder Kohle ausreichend produzierten, mussten die Siegermächte noch im so genannten **Hungerwinter 1946/47** die Bevölkerung mit Getreide und Care-Paketen versorgen. Geld und Lebensmittelkarten waren wertlos, für den Tauschhandel auf dem Schwarzen Markt dienten Zigaretten als Ersatzwährung. Mangelversorgung, Heizkrise und die völlig unzureichende Wohnsituation begünstigten zudem die Ausbreitung von Krankheiten.

Flucht und Vertreibung

Beim Rückzug der Wehrmacht vor der Roten Armee hatte eine gewaltige Völkerwanderung begonnen. Über vier Millionen Menschen aus den Gebieten östlich von Oder und Neiße flohen, um Mord und Vergewaltigung zu entgehen. Dieser **Flucht** folgte nach dem Ende der Kämpfe in den ehemaligen Ostgebieten eine **wilde Vertreibung**. Die deutsche Bevölkerung musste innerhalb weniger Stunden Haus und Hof verlassen. Die letzten verbliebenen Deutschen wurden mit **staatlich verordneten Zwangsumsiedlungen** systematisch enteignet, vertrieben oder in Lager und zur Zwangsarbeit deportiert. Bis 1950 hatten 12 Millionen Deutsche ihre Heimat in Ostpreußen, Schlesien, Hinterpommern, dem Sudentenland, den besetzten Gebieten und anderen deutschsprachigen Gebieten verlassen müssen.

Zusammenbruchsgesellschaft

Deutschland war dem Willen der **Siegermächte** unterworfen. Besatzungstruppen übernahmen die Gewalt und unterwarfen alle Bereiche des Lebens ihrer Kontrolle. Die Mehrheit der Deutschen sah sich einer Siegerjustiz ausgesetzt, die Vergeltung für Kriegsverbrechen, Rassenhass und Völkermord forderte. Nur eine Minderheit begriff die Niederlage als Befreiung, als Chance für einen Neuanfang.

In der **„Stunde Null"** prägten Angst, Unsicherheit und Hunger das Denken der meisten Deutschen. Ihr Blick richtete sich nur auf das Überleben. Fehlende Orientierung und allgegenwärtiger Mangel begünstigten die soziale Verwahrlosung der „Zusammenbruchsgesellschaft". Eine bewusste Auseinandersetzung und ein radikaler Bruch mit der Vergangenheit erfolgten nicht. Mit der Beseitigung der Kriegstrümmer ging ein improvisierter Wiederaufbau der deutschen Gesellschaft einher. Einen konsequenten Neuanfang gab es nicht.

1.2 Die Potsdamer Konferenz

Alliierte Nachkriegsvorstellungen

Mit Kriegsende traten die ideologischen Gegensätze zwischen Kommunismus und Kapitalismus zutage und führten zu machtpolitischen Differenzen innerhalb der Anti-Hitler-Koalition:

- **Stalin** strebte eine Westverschiebung Russlands auf Kosten Polens und Deutschlands, die Etablierung sozialistischer und von der UdSSR abhängiger Staaten in Osteuropa sowie möglichst hohe Reparationsleistungen an. Die Oder-Neiße-Linie war seit der Konferenz von Jalta als deutsche Ostgrenze de facto festgeschrieben.
- Die USA verfolgten zunächst die „One World"-Konzeption des Kampfes aller freien Völker gegen die faschistischen Diktaturen. Um der US-Wirtschaft größtmöglichen wirtschaftlichen Einfluss, auch auf Deutschland, zu sichern, hielt sich **Roosevelt** alle Möglichkeiten offen („Open door") und gestand Stalin die Westverschiebung Russlands zu („Package Deal").
- **Churchill** dagegen sah die Gefahr einer Ausbreitung des Kommunismus und der russischen Vormachtstellung in Europa.

Eine Zerstückelung Deutschlands und die Zerstörung seiner Wirtschaftskraft wurden daher nach Kriegsende von keiner Seite weiterverfolgt. Über die politische Zukunft Deutschlands blieben die Siegermächte uneinig. Frankreich war auf den Konferenzen nicht vertreten.

Besatzungszonen

Deutschland wurde als besiegter Feindstaat gemäß der **Londoner Vereinbarung** (1944) in Besatzungszonen aufgeteilt:

- **Amerikanische Zone**: Bayern, Groß-Hessen, Württemberg-Baden und Bremen als Versorgungshafen;
- **Sowjetische Zone** (SBZ): Brandenburg, Thüringen, Sachsen, Sachsen-Anhalt, Mecklenburg-Vorpommern;
- **Britische Zone**: Schleswig-Holstein, Hamburg, Nordrhein-Westfalen, Niedersachsen.
- **Frankreich** erhielt aus den britischen und amerikanischen Territorien Rheinland-Pfalz, Südbaden und Württemberg-Hohenzollern.
- **Berlin** wurde in vier Sektoren aufgeteilt.

September 1944 – *Londoner Vereinbarung*

Juli/August 1945 – *Potsdamer Konferenz*

Das Potsdamer Abkommen

US-Präsident **Truman**, Nachfolger des verstorbenen Roosevelt, **Stalin** und **Churchill**, nach einer Wahlniederlage von **Attlee** abgelöst, trafen sich zum letzten Gipfeltreffen der „Großen Drei" in Potsdam (17.7.–2.8.1945). In Grundsatzfragen erzielten sie Einigung:

- Erhalt der Einheit Deutschlands;
- Denazifizierung, Demilitarisierung, Demokratisierung, Demontage, Dezentralisierung („5 große D");
- Bildung eines Außenministerrats für übergeordnete Fragen;
- Bildung des Alliierten Kontrollrats der vier Befehlshaber der Besatzungszonen, für Berlin gab es eine Alliierte Kommandantur;
- Reparationen ohne genaue Festlegung von Art und Höhe;
- Gebietsabtretungen an die UdSSR (nördliches Ostpreußen) und Polen (bis zur Oder-Neiße-Linie); die endgültige Festlegung der Grenzen blieb einem späteren Friedensvertrag vorbehalten;
- Überführung der deutschen Bevölkerung aus abgetretenen Gebieten.

Das Potsdamer Abkommen war völkerrechtlich bis zum Friedensvertrag des vereinten Deutschlands (1990) wirksam.

Bewertung des Potsdamer Abkommens

Das Potsdamer Abkommen zeigt den Kooperationswillen der Siegermächte und ihre Einigkeit über die **„ethnische Entmischung"** Europas, wie Flucht und Vertreibung umschrieben wurden. Sie übten gemeinsam Justiz in den **Nürnberger Prozessen** (1945/46), dem Auftakt weiterer Prozesse in den einzelnen Zonen. 12 der angeklagten Hauptkriegsverbrecher wurden 1946 zum Tode verurteilt.

Wachsendes Misstrauen untereinander verhinderte aber die einheitliche Umsetzung aller Bestimmungen in den Besatzungszonen:

- Demontage der Industrieanlagen in der SBZ als Reparationsleistung, Hilfslieferungen für Deutschland durch USA und England;
- Demokratisierung in den Westzonen nach dem freiheitlichen, in der SBZ nach dem sozialistischen Demokratiemodell;
- Entnazifizierung und Umerziehung in der US-Zone mit Fragebogen vorwiegend für „Mitläufer", in der SBZ Lagerhaft und Todesurteile für Nazis und Regime-Gegner gleichermaßen.

Frankreich behinderte eine gemeinsame Politik in den Westzonen. Es wollte Deutschland dauerhaft politisch und wirtschaftlich schwächen.

November 1945 bis Oktober 1946

Nürnberger Prozesse

1.3 Der Zerfall der Siegerkoalition und die Spaltung Deutschlands

Differenzen in der Deutschlandpolitik

Über die Frage nach der Zukunft Deutschlands und Österreichs traten die machtpolitischen und ideologischen Unterschiede zwischen den Siegermächten immer schärfer hervor.

Stalin wollte seinen Besitzstand im Osten sichern und eine möglichst weit reichende politische und militärische Kontrolle über Deutschland als Sprungbrett für die weitere **sozialistische Expansion** nach Westeuropa. Er lehnte den Plan des US-Außenministers Byrnes (Pariser Außenministerkonferenz, 1946) eines souveränen, von den Alliierten kontrollierten, entmilitarisierten und damit neutralisierten Deutschlands ab. Eine wirtschaftliche Vereinigung der Besatzungszonen zur Verbesserung der Versorgung der Bevölkerung sei „amerikanischer Wirtschaftsimperialismus".

Der **Westen** wollte die weitere russische Expansion verhindern und Deutschland wirtschaftlich und politisch dauerhaft an die **freiheitlichen Demokratien** binden. Um dies zumindest für die Westzonen zu gewährleisten, stellten die USA die Reparationslieferungen aus dem Ruhrgebiet an die UdSSR ein und lehnten die sowjetische Forderung auf der Moskauer Außenministerkonferenz 1947 nach „demokratischer Umgestaltung ganz Deutschlands" und einer Teilhabe an der Kontrolle über das Ruhrgebiet ab.

Sozialistische Umgestaltung der SBZ

Nach Kriegsende betrieb die Sowjetische Militäradministration (SMAD) in der SBZ eine sozialistische Umgestaltung. Exil-Kommunisten aus Moskau („Gruppe Ulbricht") besetzten die Schlüsselstellen der Verwaltung. Die neu gegründeten **Parteien** wurden im „antifaschistisch-demokratischen Block" (14. 7. 1945) zusammengefasst, die SPD 1946 zwangsweise mit der KPD zur „Sozialistischen Einheitspartei Deutschlands" (SED) vereinigt. Systematisch sollten die „feudalen Strukturen des preußisch-deutschen Militarismus" beseitigt werden. Die **politische Säuberung** erfasste zwischen 1945 und 1948 über 120 000 NS-Anhänger und Regime-Gegner, die in Sonderlagern interniert wurden.

Auch die Wirtschaft wurde dem russischen Vorbild angepasst: In der **Bodenreform** (1945) wurde Grundbesitz über 100 ha enteignet und

1946	*1947*	*Juni 1947*	*Juni 1947*
Pariser Außenministerkonferenz	*Moskauer Außenministerkonferenz*	*Marshall-Plan*	*Münchener Ministerpräsidentenkonferenz*

an Landlose verteilt. Privatbetriebe wurden verstaatlicht und in **Volkseigene Betriebe** (VEB) umgewandelt, Industrieanlagen demontiert und in die UdSSR gebracht. Die Eingliederung in den sowjetischen Herrschaftsbereich zerschnitt gewachsene Wirtschafts- und Handelsbeziehungen und führte zu einer Verarmung des Ostens.

Wiederaufbau in den Westzonen

Die Westmächte dagegen wollten angesichts der wirtschaftlichen Not mit direkten Hilfen Europas wirtschaftliche Lebensfähigkeit langfristig sichern und zugleich die Kosten der Besatzungspolitik senken. Wegen der Entwicklung in Osteuropa gab US-Außenminister Marshall die Kooperationspolitik auf und verkündete am 5. 6. 1947 den **Marshall-Plan** (European Recovery Program, ERP). 16 europäische Länder schlossen sich zur OEEC (Organisation for European Economic Cooperation) zusammen und nahmen die Sachlieferungen und Kredite in Anspruch. Die Gegenleistungen der Empfänger wurden in Fonds gesammelt, die eigene wirtschaftliche Aktivitäten anregen sollten.

Zur Durchführung des Marshall-Plans in Deutschland schlossen sich die britische und amerikanische Zone zur **Bi-Zone** zusammen. Frankreich stimmte der Umsetzung des ERP in einer zu schaffenden **Tri-Zone** erst 1948 zu. Die osteuropäischen Staaten und die SBZ durften auf Druck der UdSSR nicht am Marshall-Plan teilnehmen.

Da das ERP eine stabile Währung erforderte, wurde im Juni 1948 die in den USA vorbereitete **Währungsreform** umgesetzt: Jeder Bewohner erhielt pauschal 40 DM, Guthaben konnten zum Kurs von 10 : 0,65 DM umgetauscht werden. Grundbesitz, Industrieanlagen und Aktien behielten ihren Wert. Zusammen mit der Aufhebung von Lohn- und Preisbindung, Rationierung und Zwangsbewirtschaftung waren die Grundlagen für die Soziale Marktwirtschaft geschaffen, Voraussetzung für das folgende „Wirtschaftswunder".

Wenige Tage nach der Einführung der DM in den Westsektoren Berlins führten die Sowjets in der SBZ eine eigene Währungsreform durch und verhängten bis zum 12. 5. 1949 eine **Blockade** über West-Berlin. Nur mit einer **Luftbrücke** konnte die Stadt versorgt werden. Mit der Spaltung der Stadt war die deutsche Teilung vorweggenommen. Die **Münchener Ministerpräsidentenkonferenz** im Juni 1947 blieb der einzige Versuch deutscher Politiker, die Teilung zu verhindern.

Juni 1947	April 1948	Juni 1948	1948/49
Bi-Zone	*Tri-Zone*	*Währungsreform*	*Berliner Luftbrücke*

1.4 Die Gründung der beiden deutschen Staaten

Die Entwicklung politischer Strukturen in den Besatzungszonen

Erster wichtiger Schritt zur Herstellung intakter politischer und von Verwaltungsstrukturen war die **Bildung von Ländern**:

- Sachsen, Sachsen-Anhalt, Thüringen, Brandenburg und Mecklenburg in der sowjetischen Zone (Juli 1945);
- Bayern, Baden-Württemberg und Hessen in der amerikanischen Zone (September 1945);
- Schleswig-Holstein, Nordrhein-Westfalen und Hannover (später Niedersachsen) in der britischen Zone (August 1946);
- Baden, Württemberg-Hohenzollern und Rheinland-Pfalz in der französischen Zone (September 1946).
- Das Saarland erhielt einen Sonderstatus und wurde in das französische Zollgebiet einbezogen.
- Preußen wurde mit Beschluss des Alliierten Kontrollrats am 15. 2. 1947 aufgelöst.

In der SBZ besetzten Kommunisten die Schlüsselpositionen. In den Westzonen übernahmen „unpolitische“ Fachleute Aufgaben in den streng kontrollierten Verwaltungen. Ein Länderrat der Ministerpräsidenten koordinierte die überregionale Verwaltung. Erste Landtagswahlen fanden 1946 statt, in denen die Verfassungen der Länder bestätigt sowie Länderparlamente und -regierungen gewählt wurden.

Die Verwaltung in den Bereichen Wirtschaft, Ernährung und Landwirtschaft, Verkehr, Finanzen, Post- und Fernmeldewesen und Arbeit in der von Briten und Amerikaner gebildeten Bi-Zone übernahm ein deutscher **Wirtschaftsrat**. Ihm wurde im Februar 1948 als politisches Organ ein **Länderrat** zur Seite gestellt.

Vertiefung der deutschen Spaltung

Die französische Zone blieb zunächst von den anderen abgeschottet („Seidener Vorhang“). Erst nach dem Zugeständnis, das Saarland bis 1957 in das französische Wirtschaftsgebiet einzubeziehen, war Frankreich 1948 zur Bildung der **Tri-Zone** bereit. In ihr wurde der Marshall-Plan umgesetzt, ein weiterer Schritt auf dem Weg zur Teilung Deutschlands. Währungsreform und Berliner Blockade beschleunigten den Prozess

1945/46	1946	Januar 1948	März 1948
Bildung von Ländern	*Landtagswahlen*	*Länderrat*	*„Deutscher Volksrat“*

der westdeutschen, bewusst antikommunistisch ausgerichteten Staatsbildung.

Nach dem Scheitern der Münchener Ministerpräsidentenkonferenz gab es von deutscher Seite keine weiteren Versuche, die staatliche Teilung Deutschlands zu verhindern. In der SBZ hielt die SED 1947 zwar einen „Volkskongress für Einheit und Frieden" ab, auf dem eine Verfassung für Gesamt-Deutschland vorgestellt wurde. Da aber die „Westflügel" von CDU und Liberalen fernblieben, konnte dies kein ernsthafter Versuch zur Überwindung der Trennung sein.

Die Gründung der Bundesrepublik Deutschland

Der Beschluss zur Gründung des westdeutschen Teilstaates wurde 1948 auf der **Londoner Sechsmächtekonferenz** gefasst. In den Frankfurter Dokumenten erhielten die westdeutschen Ministerpräsidenten von den Militärgouverneuren den Auftrag, eine demokratisch-bundesstaatliche Verfassung ausarbeiten zu lassen. Die verfassunggebende Versammlung tagte als **Parlamentarischer Rat,** um den provisorischen Charakter des neuen Staates bei andauernder Teilung Deutschlands zu betonen. Das **Grundgesetz** – der Begriff Verfassung sollte dem vereinigten Deutschland vorbehalten bleiben – wurde am 8. 5. 1949 vom Parlamentarischen Rat verabschiedet und den Landtagen vorgelegt. Nur Bayern stimmte nicht zu, trat aber dennoch bei. Einen Tag nach Verkündung des Grundgesetzes am **23. 5. 1949** trat es als „Gründungsurkunde" der Bundesrepublik Deutschland in Kraft. Provisorische Hauptstadt wurde Bonn. In einem Besatzungsstatut hatten sich die Alliierten wesentliche Eingriffsrechte in die staatliche und politische Ordnung vorbehalten.

Die Gründung der DDR

Die ostdeutsche Staatsgründung erfolgte zeitgleich. Der 2. deutsche Volkskongress bildete im März 1948 einen **Deutschen Volksrat,** der den Verfassungsentwurf der SED für eine Deutsche Demokratische Republik billigte. Nach der Berliner Blockade und in Reaktion auf die westdeutsche Entwicklung bestätigte der 3. Volkskongress am 29. 5. 1949 die Verfassung und setzte den 2. Deutschen Volksrat ein, der sich zur **provisorischen Volkskammer** erklärte und am **7. 10. 1949** die Gründung der DDR proklamierte. Berlin wurde Hauptstadt der DDR, obwohl dies gegen den von den Siegermächten vereinbarten Sonderstatus der Stadt verstieß.

Juli 1948	*September 1948*	*24. 5. 1949*	*7. 10. 1949*
Frankfurter Dokumente	*Parlamentarischer Rat*	*Gründung der BRD*	*Gründung der DDR*

1.5 Die Verfassung der Bundesrepublik

Das Grundgesetz ist ein Produkt der Auseinandersetzung mit der NS-Diktatur und der Weimarer Verfassung. Im Abschnitt I sind die **Grundrechte** niedergelegt. Die Würde des Menschen, das Recht der persönlichen Freiheit und der Gleichheitsgrundsatz sind die Basis des politischen und gesellschaftlichen Systems der Bundesrepublik.

Als **Verfassungskern** geht das Grundgesetz allen anderen Rechtsnormen voraus. Änderungen bedürfen einer 2/3-Mehrheit des Bundestages und Bundesrates. Elementare Verfassungsgrundsätze bleiben von solchen Änderungen ausdrücklich ausgenommen. Die Verfassungsprinzipien der Bundesrepublik Deutschland sind:

- **Sozialstaatsprinzip**: Mitverantwortung des Staates für den Ausgleich sozialer Gegensätze;
- **Bundesstaatsprinzip**: Verteilung der staatlichen Gewalt zwischen Bund und Ländern („vertikale" Gewaltenteilung);
- **Demokratieprinzip**: Legitimation staatlicher Gewalt durch Wahlen und Abstimmungen (Pluralismus);
- **Rechtsstaatsprinzip**: Bindung der staatlichen Gewalt an Recht und Gesetz.

Das politische System der Bundesrepublik

Oberstes Organ der Legislative ist der **Bundestag**. Seine Abgeordneten werden in allgemeinen, freien, gleichen, unmittelbaren und geheimen Wahlen vom Souverän, dem Volk, gewählt. Der Bundestag ist Mittelpunkt des politischen Lebens und von keinem anderen Verfassungsorgan abhängig; der Bundestagspräsident ist nach dem Bundespräsidenten zweithöchster Repräsentant des Staates.

Der Bundestag wählt den **Bundeskanzler**, der nur durch die Wahl eines neuen Kanzlers (konstruktives Misstrauensvotum) gestürzt werden kann. Der Bundeskanzler und die von ihm vorgeschlagenen Minister und Staatssekretäre werden vom Bundespräsidenten ernannt. Sie bilden die Bundesregierung („Kabinett"). Innerhalb dieser Exekutive hat der Bundeskanzler die „Richtlinienkompetenz".

Das Verhältnis von Bund und Ländern, d. h. das **föderalistische Prinzip** der Bundesrepublik, ist in Abschnitt II des Grundgesetzes geregelt. Der **Bundesrat** ist die Ländervertretung. Er fungiert im Regierungssystem als zweite Kammer. Mit ihm sind die Länder an der Gesetzgebung

23. 5. 1949
Verkündung des Grundgesetzes

des Bundes beteiligt. Je nach Größe verfügen die Länder über verschie-'en viele Stimmen im Bundesrat. Sein turnusmäßig wechselnder Präsi-:nt ist der Stellvertreter des Bundespräsidenten.

Das **Bundesverfassungsgericht** (seit 1951) wacht über die Einhal-ıng der rechtsstaatlichen Ordnung. Mit seiner Entscheidung bindet die ıudikative alle anderen staatlichen Organe, auch das Parlament.

Anders als in der Weimarer Republik sind die **Parteien** als Träger des ›olitischen Willensbildungsprozesses ausdrücklich im Grundgesetz er-wähnt. Ihre Bildung, ihr Aufbau und ihre Arbeit muss demokratischen Grundsätzen entsprechen.

Das Staatsoberhaupt, der **Bundespräsident**, wird von der Bundesversammlung gewählt, die aus den Abgeordneten des Bundestags und einer gleichen Zahl von Delegierten der Landtage besteht. Seine Amtszeit beträgt fünf Jahre, eine einmalige Wiederwahl ist möglich. Der Bundespräsident hat vor allem repräsentative Aufgaben, er vertritt die Bundesrepublik völkerrechtlich und schließt Verträge mit anderen Staaten.

Das politische System der Bundesrepublik

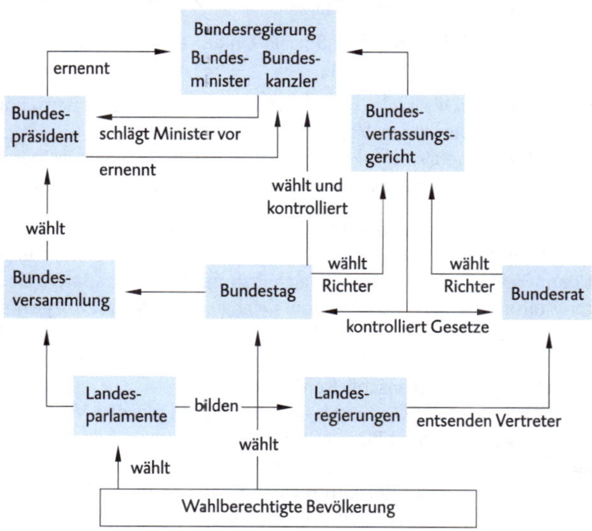

1951
Bundesverfassungsgericht nimmt seine Arbeit auf

1.6 Die Entwicklung des Parteiensystems

In der SBZ wurden Parteien auf Anordnung des SMAD bereits am 11.6.1945 gegründet; in den Westzonen erfolgten Parteigründungen etwas später. Vor allem ehemalige Politiker der Weimarer Republik, Verfolgte und Widerständler gegen das NS-Regime organisierten sich zunächst lokal und regional, da die Aufteilung Deutschlands in Besatzungszonen gesamtdeutsche Orientierungen erschwerte. Die für die weitere Entwicklung wichtigsten Parteien waren:

- 11.6.1945: **KPD,** Kommunistische Partei Deutschlands, am Vorbild der UdSSR und den Vorgaben der SMAD orientiert, Vorsitzender Wilhelm Pieck;
- 15.6.1945: **SPD,** Sozialdemokratische Partei Deutschlands, anfangs sozialistisch orientierte Arbeiterpartei, Vorsitzender (bis 1952) Kurt Schumacher;
- 14.–16.12.1945: **CDU,** Christlich Demokratische Union, Zusammenschluss konservativ-bürgerlicher Gruppierungen, Bundespartei ab 1950, Vorsitzender Konrad Adenauer;
- 13.10.1945: **CSU,** Christlich Soziale Union, auf Bayern beschränkt, klerikal und konservativ-liberal;
- 11.12.1948: **FDP,** Freie Demokratische Partei, Zusammenschluss liberaler Gruppierungen, Vorsitzender Theodor Heuss.
  Die **LDPD,** Liberal-Demokratische Partei Deutschlands, war bereits am 5.7.1945 gegründet worden, blieb aber auf die SBZ beschränkt.

Die Entwicklung in der Sowjetischen Besatzungszone

Um die Wahlchancen der „fortschrittlichen Kräfte“ zu erhöhen, wurden mit dem Freien Deutschen Gewerkschaftsbund (FDGB) und dem Deutschen Kulturbund (DK) den Parteien gleichgestellte **Massenorganisationen** gegründet. Die „Ost-CDU“ verlor ihre politische Selbstständigkeit, da sie sich dem **Block** antifaschistisch-demokratischer Parteien unter Führung der KPD anschließen musste.

Auf Druck der SMAD musste sich die SPD gegen den Widerstand von Schumacher mit der KPD zur Sozialistischen Einheitspartei Deutschlands **(SED)** vereinigen (21./22.4.1946). Parteivorsitzende wurden Wilhelm Pieck (KPD) und Otto Grotewohl (SPD). Die paritätische Ämterverteilung wurde bald aufgehoben und die SED von oppositionellen

1945	1946	1948
Gründung von KPD, SPD, CDU, CSU	*Zwangsvereinigung von SPD und KPD zur SED*	*Gründung FDP*

Kräften „gesäubert". Nach der Weigerung der Westparteien, am „Volkskongress für Einheit und Freiheit" teilzunehmen, trennten sich gesamtdeutsch orientierte Parteien endgültig. Ab 1948 passte sich die SED immer stärker dem Vorbild KPdSU an und gab die Parole vom besonderen deutschen Weg zum Sozialismus auf. Sie wandelte sich zu einer „Partei neuen Typs", einer **Kaderpartei** moskautreuer Funktionäre.

Die Entwicklung in den Westzonen

Vorrangiges Thema der Parteien war zunächst die Frage nach der künftigen **Wirtschaftsverfassung**. Die SPD lehnte zwar jede inhaltliche und organisatorische Zusammenarbeit mit den Kommunisten ab, gab aber einen Kernbestand sozialistischer Ideen, z. B. Zerschlagung der Großindustrie, ihre Sozialisierung und Mitbestimmung der Arbeitnehmer, nicht auf. Sie traf sich hier mit den Vorstellungen des „christlichen Sozialismus" innerhalb der CDU. Eine Verwirklichung der auch in den Landesverfassungen verankerten Bestimmungen zur Vergesellschaftung in der Eisen- und Kohleindustrie sowie zur Entflechtung der Großbetriebe wurde aber durch die Amerikaner verhindert. Dagegen setzte sich die vor allem von Ludwig Erhard befürwortete Idee der **„Sozialen Marktwirtschaft"** durch. Da aufgrund der Landtagswahlergebnisse die CDU im Wirtschaftsrat die Mehrheit hatte, wurde dieses Konzept bereits in der Tri-Zone zur Grundlage der späteren Wirtschaftsverfassung der Bundesrepublik. Die SPD, im Wirtschaftsrat in der Minderheit, spielte bei diesen Beratungen und Entscheidungen nur die Rolle einer „konstruktiven Opposition".

Konsequenzen für die Spaltung Deutschlands

Während der Besatzungszeit grenzten sich die Parteien in Ost und West voneinander ab und entwickelten grundsätzlich verschiedene Auffassungen über ihre Aufgabe und Rolle im Staat.

In der SBZ bzw. DDR übernahm die **SED** die **führende Rolle** beim Aufbau des Sozialismus russischer Prägung, in den Westzonen bzw. der Bundesrepublik konkurrierten die Parteien mit durchaus unterschiedlichen Programmen zur künftigen Ausgestaltung von Staat und Gesellschaft. **SPD** und **CDU** entwickelten sich dabei aufgrund ihrer integrativen Kraft zu großen **Volksparteien**. Die programmatische Nähe der FDP zur CDU bildete ein Gegengewicht zur SPD, die bis zum Godesberger Programm 1959 sozialistischen Gedanken verhaftet blieb.

1948 – *SED „Partei neuen Typs"*

November 1959 – *Godesberger Programm der SPD*

1.7 Grundsatzentscheidungen der 50er-Jahre

Die erste Bundestagswahl ergab eine knappe Mehrheit für die Koalition von CDU/CSU, FDP und Deutscher Partei (DP). Bundeskanzler wurde mit einer Stimme Mehrheit der CDU-Vorsitzende Konrad **Adenauer**.

Die außenpolitischen Positionen von CDU und SPD

In der Außenpolitik hatte die Bundesregierung in der vom Ost-West-Konflikt beherrschten bipolaren Staatenwelt nur geringen Spielraum. Alliierte Vorbehaltsrechte des Besatzungsstatuts beschränkten ihre Handlungsfreiheit. Adenauers Ziel bestand darin, Freiheit und Frieden Westdeutschlands zu sichern und **staatliche Souveränität** und Mitspracherecht über deutsche Belange zu gewinnen. Folglich war die **Westintegration** wichtiger als eine ungewisse Wiedervereinigung zu Moskaus Bedingungen. Nur im Bündnis mit den Westmächten sei die Überwindung der Teilung durch eine Politik der Stärke möglich. Die Bundesrepublik müsse durch die Wiederbewaffnung ihren Teil dazu beitragen. Einen deutschen Sonderweg oder eine Neutralisierung schloss er kategorisch aus. Außenpolitik war daher in den Anfangsjahren der Bundesrepublik vor allem **Europa-Politik**.

Sein Gegenspieler in der SPD, **Kurt Schumacher**, lehnte eine zu enge Bindung an die Westalliierten ab. Er forderte die schnelle Wiedervereinigung um fast jeden Preis und kritisierte Westintegration sowie Europa-Politik der Regierung als kapitalistisch und den (gesamt-)deutschen Interessen zuwiderlaufend.

Deutschlandpolitik der Bundesrepublik

Kern der westdeutschen Rechtsposition war der **Alleinvertretungsanspruch** der Bundesrepublik: Nur im Westen haben demokratische Wahlen den Staat legitimiert, der folglich auch die „unfreien" Deutschen in der DDR vertreten müsse. Vertriebene und Flüchtlinge aus der DDR galten als bundesdeutsche Staatsbürger. Erst nach freien Wahlen in ganz Deutschland sei die Wiedervereinigung möglich (**Wiedervereinigungsklausel** des Grundgesetzes, Selbstbestimmungsrecht des deutschen Volkes). Nur das vereinigte Gesamtdeutschland könne die territorialen Veränderungen des Zweiten Weltkriegs vertraglich anerkennen. Daher gab es **keine völkerrechtliche Anerkennung der DDR**. Bei der Aufnahme diplomatischer Beziehungen zur DDR brach die Bundes-

September 1949	April 1951	Mai 1952
Adenauer wird Bundeskanzler	*Montan-Union*	*Deutschlandvertrag*

republik Beziehungen zu den betreffenden Staaten ab. Diese **„Hallstein-Doktrin“** wurde auf Jugoslawien (1957) und Kuba (1963) angewendet.

Mit seinem **Moskau-Besuch** im September 1955 erreichte Adenauer die Freilassung der letzten deutschen Kriegsgefangenen und die Aufnahme diplomatischer Beziehungen zur UdSSR, aber keine Annäherung in der Deutschen Frage. Mit der Verpflichtung der Bundesrepublik, in Anerkennung der deutschen Schuld **Wiedergutmachungszahlungen** an Verfolgte und Opfer des NS-Regimes zu leisten, gewann die Bundesrepublik moralisches Ansehen und Wertschätzung des Auslands zurück.

Die Wirtschafts- und Gesellschaftspolitik

Die bürgerliche Mehrheit im Bundestag setzte in der Wirtschaftspolitik das Konzept der **„Sozialen Marktwirtschaft“** um. Es sieht Privateigentum an Produktionsmitteln vor und weist dem Staat nur Schutz- und Korrekturaufgaben bei der Wahrung sozialer Gerechtigkeit zu. Weitergehende Forderungen der SPD nach Verstaatlichung von Großbetrieben konnten sich nicht durchsetzen. Dieses Konzept und die enge Anlehnung an die USA sicherten der Bundesregierung amerikanische Unterstützung in innen- und außenpolitischen Fragen.

Zu größeren Auseinandersetzungen in der eher unpolitisch und auf Konsum ausgerichteten Gesellschaft führte die Debatte um die Wiederbewaffnung. Mit dem Konzept der **Inneren Führung** und des **Staatsbürgers in Uniform** wurden grundlegende Vorstellungen der Demokratie auf die Wehrpflicht-Armee übertragen.

Zusammen mit der vorherrschenden antikommunistischen Grundhaltung wurde die Übernahme des freiheitlich-demokratischen Systems durch die westdeutsche Bevölkerung erleichtert, aber kein personeller Bruch mit der Vergangenheit vollzogen. Mit der Übertragung der Grundsätze des Beamtentums der Weimarer Republik auf die Bundesrepublik (Bundesbeamtengesetz, 1953) blieben traditionelle Denkweisen erhalten. Die Verfolgung von Kommunisten (KPD-Verbot, 1956) wurde entschiedener betrieben als die ehemaliger NS-Anhänger.

Die Wahlerfolge Adenauers begünstigten die Entwicklung der Bundesrepublik zu einem politisch stabilen Staat. Seit Mitte der 50er-Jahre ist sie gekennzeichnet durch die großen Volksparteien der CDU/CSU und der SPD. Extreme oder Splitterparteien wurden bedeutungslos.

September 1955	September 1955	November 1955	1956
Moskaureise Adenauers	Hallstein-Doktrin	Gründung der Bundeswehr	Verbot der KPD

1.8 Deutschland im Kalten Krieg

Mit dem Ausbruch des Kalten Kriegs veränderte sich die Einstellung der Siegermächte zu Deutschland. Vor allem die USA waren an der Integration eines wieder erstarkten Weststaats als Bollwerk gegen den als expansionistisch eingeschätzten Sowjetkommunismus interessiert. Nach der Gründung der beiden deutschen Staaten als Folge dieser Politik nahm die politische und militärische Integration der Bundesrepublik in das westliche System immer konkretere Formen an. Wichtige Stationen auf dem Weg waren

- die Annäherung an Frankreich durch die Gründung der **Montan-Union** 1951;
- erste Überlegungen über einen konkreten deutschen Wehrbeitrag nach dem Überfall des kommunistischen Nordkorea auf das unter amerikanischem Schutz stehende Südkorea;
- der Abschluss des **Deutschlandvertrags** 1952, der die teilweise Wiedererlangung deutscher Souveränität als Lohn für Deutschlands Integration in das westliche Verteidigungssystem brachte;
- die damit verknüpfte Gründung der **Europäischen Verteidigungsgemeinschaft (EVG)**, einer multilateralen Armee, die 1954 an der Weigerung des französischen Parlaments, den Gründungsvertrag zu ratifizieren, scheiterte;
- die **Pariser Verträge** 1955, durch die statt der gescheiterten EVG der **NATO-Beitritt** der Bundesrepublik und die Errichtung der Bundeswehr besiegelt wurden.

Die einzelnen Schritte blieben nicht unumstritten. Zum einen versuchte die Sowjetunion, die Westintegration der Bundesrepublik durch verschiedene diplomatische Vorstöße zu verhindern. Bekanntestes Beispiel ist die **Stalin-Note** von 1952, in der Stalin das Angebot eines neutralen Gesamtdeutschlands unterbreitete. Allerdings gingen weder die drei Westmächte noch die Bundesregierung auf diese Offerte ein. Neben den offiziell geäußerten Gründen, vor allem der Bedingung wirklich freier gesamtdeutscher Wahlen, sollte durch das sowjetische Störmanöver auf keinen Fall der Abschluss des Deutschlandvertrags und die Gründung der EVG gefährdet werden.

Zu diesen außenpolitischen Verwicklungen kam noch die innenpolitische Opposition hinzu. Weite Teile der Bevölkerung hatten nach dem

1950–1953	*März 1952*	*Mai 1952*
Korea-Krieg	*Stalin-Note*	*EVG*

:weiten Weltkrieg erhebliche Vorbehalte gegen eine deutsche Wieder-ewaffnung. Außerdem vertrat die SPD als stärkste Oppositionspartei ie Position, der strikte Westkurs Adenauers verhindere die Wiederver-inigung und treibe die DDR endgültig in die Arme der UdSSR. Zwar eilte die SPD die Skepsis gegenüber Stalins Vorschlägen, forderte aber, ie in Viermächtekonferenzen zu prüfen. Das **Chruschtschow-Ultima-um** (27.11.1958) nach Abzug der Westalliierten aus Berlin und Aner-ennung der „Freien Stadt Westberlin" („Drei-Staaten-Theorie") wurde rotz des angedrohten Separatfriedens mit der DDR einhellig abgelehnt.

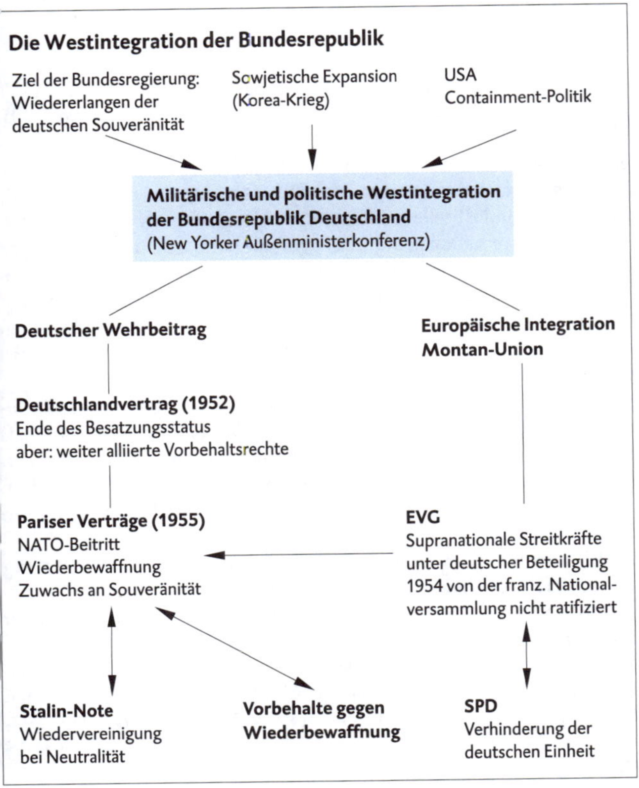

Mai 1952 — *Deutschlandvertrag*

Mai 1955 — *Inkrafttreten der Pariser Verträge*

November 1958 — *Chruschtschow-Ultimatum*

1.9 Die wirtschaftliche und politische Konsolidierung in der Ära Adenauer

Die Rückgewinnung politischer und ökonomischer Entscheidungsfreiheit, von Sicherheit und Selbstbestimmung machten die Zeit bis zum Rücktritt Adenauers am 15. 10. 1963 zur **„Ära Adenauer“**. Sie war durch eine hohe politische Stabilität gekennzeichnet, die die Bundesrepublik nach außen zu einem anerkannten und verlässlichen Bündnispartner machte und im Inneren durch klare Wahlsiege der von Adenauer geführten Regierung Bestätigung fand.

Die Westbindung

Der erste Schritt der Westbindung war der Beitritt zur **OEEC** (31. 10. 1949), die die ERP-Mittel verwaltete. Nach dem **Petersberger Abkommen** (22. 11. 1949) konnte Westdeutschland internationalen Organisationen beitreten und Konsular- sowie Außenhandelsbeziehungen aufnehmen. Nach der Annahme des **Ruhrstatuts**, das auf französisches Drängen die industrielle Schlüsselregion Deutschlands seit dem 28. 4. 1949 unter internationale Kontrolle gestellt hatte, stellten die Alliierten endgültig die Demontagen ein und Deutschland konnte dem 1949 gegründeten **Europarat beitreten**, wenn auch mit eingeschränkten Vollmachten (Vollmitgliedschaft 2. 5. 1951). Die Westalliierten beendeten anschließend mit der Revision des Besatzungsstatuts (6. 3. 1951) formell den Kriegszustand mit Deutschland.

Der Ausgleich mit den westlichen Nachbarn erfolgte mit der Gründung der **Montan-Union** (18. 4. 1951), der Europäischen Gemeinschaft für Kohle und Stahl **(EGKS)**. Der **Pleven-Plan** einer Europäischen Verteidigungsgemeinschaft **(EVG**, 1952) mit europäischen Streitkräften unter supranationalem Kommando scheiterte an der französischen Nationalversammlung.

Die Aufhebung des Besatzungsstatuts mit dem **Deutschlandvertrag** (26. 5. 1952) war Voraussetzung für einen deutschen Verteidigungsbeitrag. Nach dem Scheitern der EVG wurde er im Zuge des Beitritts der Bundesrepublik zur NATO überarbeitet und trat in Kraft nach der Ratifizierung der **Pariser Verträge** (23. 10. 1954), mit denen die Bundesrepublik dem Nordatlantikpakt **(NATO)** und der Westeuropäischen Union **(WEU)** als Ersatz für die gescheiterte EVG beitrat. Mit der Gründung der **Bundeswehr** (5. 5. 1955) als Teilstreitkraft der NATO war die Westorientierung unumkehrbar geworden.

November 1949	April 1951	Mai 1955	Mai 1955
Petersberger Abkommen	*Montan-Union*	*NATO-Beitritt*	*Gründung der Bundeswehr*

Wirtschaftlicher Wiederaufbau („Wirtschaftswunder“)

Die Umsetzung der Sozialen Marktwirtschaft unter Wirtschaftsminister Erhard führte zu einem enormen wirtschaftlichen Aufschwung. Das sog. „**Wirtschaftswunder**“ wurde ermöglicht durch das große Reservoir gut ausgebildeter und preiswerter Arbeitskräfte, die Lohnzurückhaltung der Gewerkschaften und die Konsumnachfrage nach Jahren der Entbehrungen. Niedrige Außenhandelspreise durch Unterbewertung der DM, der Boom der Weltwirtschaft während des Korea-Kriegs und eine durch die Deutsche Bundesbank (1957) gesicherte Währungsstabilität begünstigten die Entwicklung.

Die breite gesellschaftliche Akzeptanz der Wirtschaftspolitik wurde mit der Regelung der Beziehungen zwischen Arbeitgebern und -nehmern sichergestellt: Das **Tarifvertragsgesetz** (1949) garantierte Gewerkschaften und Arbeitgeberverbänden Tarifautonomie bei Löhnen und Gehältern, Arbeitnehmer erhielten Mitbestimmungsrechte (Gesetz zur **paritätischen Mitbestimmung** 1951; Betriebsverfassungs-, 1952; Personalvertretungsgesetz, 1955).

Soziale Stabilität und politische Konsolidierung

Die Wohlstandsentwicklung erfasste dank wichtiger sozialpolitischer Weichenstellungen alle Bevölkerungsschichten. Das **Lastenausgleichsgesetz** (1952) entschädigte für Kriegsverluste durch eine Vermögensabgabe der weniger Betroffenen. Die **Renten** wurden „dynamisch“ an das Wirtschaftswachstum angepasst (1957).

Ende der 50er-Jahre galt die Bundesrepublik als zweitmächtigste Industrienation der westlichen Welt. Die Bevölkerung konnte ihren Nachholbedarf an Lebens- und Genussmitteln, Haushaltsgeräten und Reisen decken. Durch die Förderung des sozialen Wohnungsbaus waren über 3 Millionen neue preiswerte Wohnungen gebaut worden. Bei Vollbeschäftigung mussten inzwischen Arbeitskräfte aus dem Ausland angeworben werden („**Gastarbeiter**“). Der steigende Wohlstand in den „Gründerjahren“ war begleitet von einer Motorisierung und Industrialisierung, deren Schattenseiten (z. B. die Umweltverschmutzung) wegen der Technikbegeisterung in Kauf genommen wurden.

Der wachsende Wohlstand war eine zentrale Legitimationsbasis der neuen politischen Ordnung. Der Wiederaufbau erforderte alle Kräfte, sodass die Adenauer-Ära konservativ und von der Wiederherstellung der bürgerlichen Gesellschaft geprägt war. Verkörperung des neuen demokratischen Lebensgefühls war Bundespräsident Heuss (FDP).

April 1949	April 1951	August 1952	Februar 1957
Tarifvertragsgesetz	*Paritätische Mitbestimmung*	*Lastenausgleich*	*„Dynamische“ Rente*

1.10 Die Entwicklung der DDR zum totalitären Staat

In den 50er-Jahren erfolgte der Ausbau der DDR zu einem **sozialistischen Staat nach sowjetrussischem Vorbild**.

Die innere Machtsicherung durch die SED

Der Führungsanspruch der SED umfasste alle Bereiche von Staat und Gesellschaft. Er wurde konsequent ausgebaut und durch die Leitungsgremien der Partei ausgeübt. Das **Politbüro** mit dem **1. Sekretär** (1953–1971 Walter Ulbricht) an der Spitze war der Staatsverwaltung übergeordnet und somit das eigentliche Machtzentrum. Die Richtlinien der Politik wurden im **Zentralkomitee** (ZK), einer Art Parteiparlament öffentlich verkündet. Parteimitglieder („Kader") mussten sich den Parteibeschlüssen bedingungslos unterwerfen (demokratischer Zentralismus).

Die **„Einheitsliste"** der „Nationalen Front", der Zusammenschluss der Parteien und Massenorganisationen, regelte die Sitzverteilung in der **Volkskammer**, dem DDR-Parlament. Doppelmitgliedschaften in Massenorganisationen, wie FDJ oder FDGB, und der SED sorgten für die Mehrheit gegenüber den bürgerlichen Parteien. Eine Opposition gab es trotz der Wahlen nicht. Alle wichtigen Staats- und Regierungsämter waren mit SED-Mitgliedern besetzt und der Staat durch **Abschaffung der Länder** und Einrichtung von Bezirken (1952) zentralisiert.

In Schule und **Nationaler Volksarmee** (NVA) wurden die Bürger zur „Liebe zum Sozialismus" und zum „Hass auf den Klassengegner" erzogen; Kunst und Kultur waren zu „sozialistischem Realismus" verpflichtet. Das **Ministerium für Staatssicherheit** („Stasi", 1950) überwachte die Bevölkerung und verfolgte Oppositionelle.

Die wirtschaftliche Umgestaltung

Auch die Wirtschaft wurde nach sozialistischem Modell umgeformt. Nach der **Enteignung von Privatbesitz** und Zwangseintritt in **LPGs** (Landwirtschaftliche Produktionsgenossenschaften) und Volkseigene Betriebe (**VEB**: Handwerk, Industrie, Dienstleistung) übernahm der Staat Planung und Lenkung von Produktion und Verteilung aller Güter und Dienstleistungen. **Fünfjahrespläne** schrieben den Betrieben die Produktionsmengen vor.

Februar 1950 – *Ministerium für Staatssicherheit*

1952 – *Abschaffung der Länder*

1953 – *Ulbricht 1. Sekretär der SED*

Sowjetische Demontagen, aber vor allem bürokratischer Aufwand, Schwerfälligkeit, fehlende Anreize zu Privatinitiative und einseitige Förderung der Schwerindustrie beeinträchtigten die Funktionsfähigkeit des Systems und führten zur **Mangelwirtschaft**. Die Versorgung mit Konsumgütern lag weit unter West-Niveau.

Innere Krisen der DDR

Nach Stalins Tod 1953 nahm die SED-Führung Preis-, aber nicht die Erhöhung von Arbeitsnormen zurück. Der Streik von Bauarbeitern gegen diese Politik weitete sich am **17. Juni 1953** zu einem **Volksaufstand** mit der Forderung nach freien Wahlen aus. Die DDR-Führung ließ den Aufstand von Sowjettruppen niederschlagen und verhängte anschließend harte Strafen gegen die Regimegegner.

Nach einer kurzen Phase der Liberalisierung und konsumorientierten Produktion wurden die landwirtschaftliche Kollektivierung verstärkt, Kirchenanhänger systematisch benachteiligt und staatliche Unterdrückung ausgebaut. Ziel war es, die westdeutsche Wirtschaft zu überholen. Von der UdSSR übernahm die DDR-Führung die Zwei-Staaten-Theorie und grenzte sich mit eigenen Staatssymbolen von der Bundesrepublik ab. Anerkennung fand sie aber nur im Ostblock.

Die breite Kluft zwischen den Vorstellungen der Partei und der Bevölkerung führte erneut zu wachsenden Flüchtlingszahlen. Um den Staat politisch und wirtschaftlich zu stabilisieren, erhielt Ulbricht die Zustimmung der UdSSR zum **Mauerbau am 13. August 1961**. Die Westalliierten griffen nicht ein, da die „three essentials" (Erhalt der Lebensfähigkeit und Sicherheit sowie freier Zugang zu den Westsektoren) nicht berührt waren. In den Folgejahren wurden die Grenzanlagen weiter ausgebaut. Gegenüber Flüchtigen galt Schießbefehl.

Die Ostintegration der DDR

Auch außenpolitisch wurde die DDR in das sowjetische Herrschaftssystem eingebunden. Nur die sozialistischen Nachbarstaaten und die UdSSR erkannten sie völkerrechtlich an (1949). Nach der Anerkennung der Oder-Neiße-Grenze im **Görlitzer Vertrag** (1950) mit Polen trat sie dem Rat für gegenseitige Wirtschaftshilfe (RGW) bei (1950). Der Beendigung des Kriegszustands mit der UdSSR (1954) folgten ein **Staatsvertrag mit der UdSSR** (1955) über die Rückgabe der Souveränität und die Aufnahme in den **Warschauer Pakt** (1956). So blieb die DDR von der UdSSR abhängig und war außerhalb des Ostblocks isoliert.

17. 6. 1953	September 1955	Januar 1956	13. 8. 1961
Volksaufstand	*Staatsvertrag mit der UdSSR*	*Aufnahme in den Warschauer Pakt*	*Mauerbau*

1.11 Die Bundesrepublik in den 60er-Jahren

In der Ära Adenauer hatte das Bedürfnis der Deutschen nach materieller Sicherheit und Wohlstand im Vordergrund gestanden. Mitte der 60er-Jahre zerbrach der konservative gesellschaftliche Konsens, die moderne westliche Industriegesellschaft entstand.

Die wirtschaftliche Entwicklung

Die Aufbauphase endete mit einer Marktsättigung bei Konsum- und Industriegütern im Inland. Trotz des Exports hochwertiger Fertigwaren „Made in Germany" gingen die wirtschaftlichen Zuwachsraten zurück. Behoben wurde die daraus folgende **Rezession von 1966/67** mit dem **Stabilitätsgesetz** der Großen Koalition (1967). Eine antizyklische Globalsteuerung, z. B. mit Konjunkturprogrammen, sollte Wirtschaftswachstum, Vollbeschäftigung, Preisstabilität und außenwirtschaftliches Gleichgewicht („magisches Viereck") realisieren.

In der **Ölkrise 1973/74**, in der die Organisation der Erdölförderstaaten (OPEC) den Erdölpreis erhöhte und der für den Export wichtige US-Dollar an Wert verlor, stagnierte das Wirtschaftswachstum. Seither wird von einer **„Sockelarbeitslosigkeit"** gesprochen. Der Einsatz **neuer Technologien** revolutionierte zusätzlich Produktion und Handel und führte zu weiterer Arbeitslosigkeit, die – verstärkt durch die Folgen der Wiedervereinigung – nicht mehr zurückgegangen ist.

Die gesellschaftliche Entwicklung

Bereits während der Ära Adenauer übernahmen Jugendliche die **amerikanische Lebensart** in Sprache und Alltagskultur. In den 60er-Jahren setzten sie sich auch von den materiellen Werten der Älteren ab und lehnten sich gegen das „Establishment" auf. Sie erprobten **alternative Lebensformen**, provokatives Verhalten und Aussehen sowie gesellschaftskritisches Denken.

Die **Studentenbewegung** (1967–1969) richtete sich gegen verkrustete Bildungsstrukturen und forderte Reformen. Aus ihr formierte sich die marxistische Außerparlamentarische Opposition **(APO)**. Sie griff Ideen der so genannten Frankfurter Schule auf und protestierte in Massendemonstrationen und Straßenschlachten besonders gegen die **Notstandsgesetze** (1968) und den **Vietnamkrieg**.

1966/67	1967–1969	Mai 1968	1973/74
Rezession	*Studentenbewegung*	*Notstandsgesetze*	*Ölkrise*

Mittel- und langfristige Folgen der 68er-Bewegung in Deutschland waren eine vertiefte Auseinandersetzung mit der NS-Vergangenheit, die verstärkte Aktivität von Bürgerinitiativen und daraus erwachsend die Gründung der antibürgerlichen **Partei der Grünen**. Sie entwickelte sich nach langen Richtungskämpfen zur regierungsfähigen Partei.

Die radikale Rote Armee Fraktion **(RAF)** wollte dagegen den Staat mit Gewalt verändern. Sie ermordete Repräsentanten des westdeutschen Systems („blutiger Herbst" oder auch „deutscher Herbst" 1977) und arbeitete mit dem internationalen Terrorismus zusammen (Flugzeugentführungen).

Die innenpolitische Entwicklung

In die Regierungszeit (1963–1966) von Ludwig **Erhard**, dem Nachfolger Adenauers, fällt der kurzfristige Aufstieg der Nationaldemokratischen Partei **(NPD)**, aber auch die Aufnahme außenpolitischer Beziehungen zu **Israel** (1965). Gegenüber der DDR konnte Erhard Adenauers harten Kurs nicht fortsetzen. Die alliierte Schutzgarantie („Three essentials") sicherte zwar den Status von West-Berlin, aber ein grundlegender Wandel der Deutschlandpolitik erfolgte nicht. Erhard beschränkte sich auf eine **selektive Entspannung** (Einrichtung von Handelsmissionen in Osteuropa, Passierscheinabkommen für Verwandtenbesuche in Ost-Berlin), da die DDR weitere Verhandlungen (Ulbricht-Doktrin) von der Aufgabe der Bonner Position (Alleinvertretungsanspruch, Ostgrenze) abhängig machte.

Bundeskanzler **Kiesinger** löste Erhard ab. In seiner **Großen Koalition** aus CDU/CSU/SPD (1966–1969) – zum ersten Mal war die SPD an der Regierung beteiligt – erfolgte die wirtschaftliche Konsolidierung („Aufschwung nach Maß") und die Verabschiedung der Notstandsgesetze für den Fall innerer Unruhen und Katastrophen. Der innerdeutsche Dialog kam infolge der CSSR-Intervention des Warschauer Pakts (1968) nicht über einen Notenwechsel hinaus.

Die **sozialliberale Koalition** (1969–1983) unter Bundeskanzler **Willy Brandt** (SPD) markiert den ersten „richtigen" Regierungswechsel in der Bundesrepublik. SPD und FDP unternahmen wichtige innere Reformen („Mehr Demokratie wagen"). Sie senkten Wahlalter und Volljährigkeit auf 18 Jahre, erweiterten die Mitbestimmungsrechte in den Betrieben (Betriebsverfassungsgesetz, 1972) und sorgten mit einer Bildungsoffensive für mehr Chancengleichheit.

1963–1966	1966–1969	1969–1983
Bundeskanzler Erhard	*Große Koalition*	*Sozialliberale Koalition*

1.12 Von der sozialliberalen Koalition zur Ära Kohl

Die neue deutsche Ostpolitik

Bundeskanzler **Brandt** (SPD) und Außenminister **Scheel** (FDP) setzten nach ersten Treffen der Regierungschefs Brandt und Stoph (1970) die **neue deutsche Ostpolitik** um. Grundlage dafür war das Bahr-Konzept: Die Anerkennung der Teilung ermögliche Gespräche über menschliche Erleichterungen zwischen beiden Staaten und führe letztlich zu einem „Wandel durch Annäherung".

Im **Moskauer Vertrag** (12.8.1970) und **Warschauer Vertrag** (7.12.1970) erfolgte zunächst der Ausgleich mit der UdSSR und Polen durch Gewaltverzicht und Zusicherung der territorialen Integrität aller Grenzen. Im Brief zur deutschen Einheit betonte die Bundesrepublik das Ziel der Wiedervereinigung. Danach vereinbarten die Alliierten die Sicherung der Bindungen zwischen West-Berlin und der Bundesrepublik, sicheren Transit und Besuchsmöglichkeiten in der DDR **(Berlin-Abkommen**, 3.9.1971). **Transitabkommen** (1971) und **Verkehrsvertrag** (1972) zwischen Ost- und Westdeutschland regelten die Details. Der **Grundlagenvertrag** (21.12.1972) normalisierte mit dem Bekenntnis zur Entwicklung gutnachbarschaftlicher Beziehungen und der Einrichtung von Ständigen Vertretungen (statt Botschaften) die Beziehungen zwischen der Bundesrepublik und der DDR:

Die Verträge waren innenpolitisch sehr umstritten. Die Opposition sah einen **„Ausverkauf deutscher Interessen"**. Ihr Misstrauensvotum gegen Bundeskanzler Brandt und eine Verfassungsklage scheiterten aber.

Nach der gegenseitigen De-facto-Anerkennung der beiden Staaten wurden sie 1973 **UNO-Mitglieder**. In der Folgezeit wurde das geregelte Miteinander mit kleinem Grenzverkehr, Krediten für die DDR und weiteren Abkommen ausgebaut.

Die politische Entwicklung bis zur Wiedervereinigung

1974 trat Bundeskanzler Brandt zurück, da sein Berater Guillaume als DDR-Spion enttarnt worden war. Sein Nachfolger **Schmidt** (1973–1983, SPD) galt bald als erfolgreicher Krisenmanager und „Macher". Seine Regierungszeit war geprägt von wachsendem **Umwelt- und Krisenbewusstsein** (Giftmüllskandale, Waldsterben) der westdeutschen Gesellschaft, das zur Bildung zahlreicher Bürgerinitiativen führte. Im Kampf gegen den linksradikalen Terror der RAF vertrat Schmidt eine

August 1970	*Dezember 1970*	*September 1971*	*Dezember 1971*
Moskauer Vertrag	*Warschauer Vertrag*	*Berlin-Abkommen*	*Transitabkommen*

unnachgiebige Haltung des Staates und in der Debatte um die NATO-Nachrüstung setzte er gegen den Widerstand seiner Partei und der Friedensbewegung den umstrittenen **NATO-Doppelbeschluss** durch. An der Wirtschaftspolitik schließlich zerbrach die SPD/FDP-Koalition.

Die Ära Kohl

Helmut Kohl wurde 1983 mithilfe eines konstruktiven Misstrauensvotums neuer Bundeskanzler. Die von ihm propagierte **„Wende“** brachte einen inneren Wechsel. Zur Stärkung der Marktkräfte setzte die CDU/CSU/FDP-Koalition auf Eigeninitiative und Wettbewerb, einen Rückbau staatlicher Eingriffe in die Wirtschaft und den Abbau von Sozialleistungen. Trotz der wirtschaftlichen Erfolge war die Ära Kohl aber aufgrund der fortschreitenden Rationalisierung des industriellen Sektors von anhaltend hoher **Arbeitslosigkeit** gekennzeichnet. Während der Großteil der Bevölkerung von der wirtschaftlichen Erholung und dem wachsenden Wohlstand in den 80er-Jahren profitierte, stieg zugleich infolge der Arbeitslosigkeit die Zahl der Sozialhilfeempfänger („Zwei-Drittel-Gesellschaft“).

In der **Außenpolitik** setzten Kohl und Außenminister Genscher (FDP) den bisherigen Kurs fort mit entscheidenden Fortschritten in der europäischen Einigung und verbesserten Beziehungen zur DDR. Als der innere Zusammenbruch Ostdeutschlands offenkundig war, ergriff Kohl entschlossen die Gelegenheit, die **deutsche Wiedervereinigung** wirtschaftlich und politisch und in Absprache mit den wichtigsten Verbündeten durchzusetzen.

Die gesellschaftliche Entwicklung

In den 80er-Jahren rückte die globale Dimension des Raubbaus an den Ressourcen in das Bewusstsein der Gesellschaft. Nach dem Reaktorunfall im ukrainischen Tschernobyl (1986) forderte die **Antiatomkraftbewegung** den Ausstieg aus der Kernenergie. Mit dem politischen Aufstieg der alternativen Partei der **Grünen** fand die Umwelt- und Friedensbewegung Eingang in die Parlamente.

Die Verstrickung von FDP-Politikern in Spendenaffären und die Versuche des CDU-Regierungschefs von Schleswig-Holstein, **Barschel**, seinen SPD-Konkurrenten Engholm bespitzeln und verleumden zu lassen, führten zu **„Politikverdrossenheit“** und zu einer Wählerwanderung von den etablierten Parteien hin zur neuen Kraft der Grünen.

Dezember 1972	*1977*	*1983–1998*
Grundlagenvertrag	*Flick-Spendenaffäre*	*Ära Kohl*

Während der 70er- und 80er-Jahre wandelte sich die bundesdeutsche Gesellschaft durch **Zuwanderung**. Viele der insgesamt 14 Millionen „Gastarbeiter“ blieben in Deutschland und holten ihre Familien nach. Verstärkt wurde die Masseneinwanderung durch fast 2 Millionen Aus- und Übersiedler aus Osteuropa sowie Asylbewerber aus Ländern der Dritten Welt. Die Fremdenfeindlichkeit eskalierte besonders 1991/92 im wiedervereinigten Deutschland. Erst 1993 wurde das Asylrecht reformiert, um die Zuwanderung zu steuern.

Die Entwicklung in der Bundesrepublik

50er-Jahre

- Marshall-Plan und steigende Preise begünstigen den Aufschwung
- Hohe Arbeitslosigkeit zu Beginn, Ende der 50er-Jahre Vollbeschäftigung
- „Konsumrausch“ bei einem Großteil der Bevölkerung: Konsumgüter sind wegen steigender Löhne erschwinglich
- Amerikanisierung der Gesellschaft (Konsumgüter, Mode, Film, Sprache, Musik)

60er-/70er-Jahre

Wohlstand

- 1. Wirtschaftskrise
- Die Soziale Marktwirtschaft schützt nicht alle Teile der Bevölkerung
- Regierung verliert an Autorität

Protestbewegung der Studenten (APO)
Kampf gegen den Vietnamkrieg, Kampf gegen Autorität, Kampf gegen die Notstandsgesetze

Neues Problembewusstsein

- Erziehungsfragen
- Moral
- Autoritätsgläubigkeit

Terrorismus

- Kaufhausbrandstiftungen
- RAF: Mordanschläge
- Höhepunkt 1976: der Rechtsstaat setzt sich durch

80er-/90er-Jahre

Probleme der Industriegesellschaft

- Ressourcenknappheit
- Umweltproblematik
- Sicherheitspolitik
- Umstellung zur Dienstleistungsgesellschaft
- Arbeitslosigkeit

Schaubild
Die Entwicklung in der Bundesrepublik

1.13 Die DDR nach dem Mauerbau

Der Mauerbau erwies sich als „2. Gründungstag der DDR", der die Wirtschaft stabilisierte und allmählich internationale Anerkennung brachte.

In der Folgezeit grenzte sich die DDR als „sozialistischer Staat deutscher Nation" von der Bundesrepublik ab. Zwar war mit **Passierscheinabkommen** (1963/66) der Verwandtenbesuch für West-Berliner in Ost-Berlin möglich geworden, doch blieben Reise- und Transitverkehr durch Zwangsumtausch, Pass- und Visumzwang eingeschränkt. Eine eigene **DDR-Staatsbürgerschaft** (1967) bedeutete das Ende der gesamtdeutschen Gemeinsamkeit. Am 6. April 1968 wurde per Volksentscheid eine neue **Verfassung** angenommen. Die DDR definierte sich nun als ein „sozialistischer Staat deutscher Nation" und schrieb die Führungsrolle der SED fest.

Nachdem die UdSSR die bestehenden Grenzen der DDR anerkannt hatte (Freundschaftsvertrag, 1964), erfolgte 1969 die Aufnahme diplomatischer Beziehungen zu arabischen Staaten. Weitere Länder der Dritten Welt zogen nach.

Erst nach dem Führungswechsel von Ulbricht zu Honecker (1971), den Ostverträgen und der Aufnahme in die UNO (1973) entspannte sich das Verhältnis zwischen beiden deutschen Staaten. Die bundesdeutsche **„Politik der kleinen Schritte"** mit Pauschalzahlungen im innerdeutschen Reiseverkehr, dem zinslosen Überziehungskredit im innerdeutschen Handel, Häftlingskauf und Milliardenkrediten brachte Erleichterungen, stabilisierte aber zugleich auch das DDR-Regime.

In der **Honecker-Ära** riss auch bei weltpolitischen Konflikten der Kontakt zwischen Ost- und Westdeutschland nicht ab. Regelmäßige Treffen der Politiker begründeten eine „Koalition der Vernunft". Mitte der 80er-Jahre schien alles auf eine dauerhafte Koexistenz der beiden deutschen Staaten hinauszulaufen. So gelang es SED-Chef Honecker mit den **Geraer Forderungen** (1980) nicht, die völkerrechtliche Anerkennung zu erreichen, allerdings wurde auf bundesdeutscher Seite erwogen, das Wiedervereinigungsgebot aus dem Grundgesetz zu streichen.

Honecker sicherte sich seine bis 1989 unumstrittene Machtposition dadurch, dass er die Führungsrolle der UdSSR anerkannte, Politbüro und Ministerrat weitgehend entmachtete und vor allem mithilfe der Staatssicherheit unter Führung Erich Mielkes und des Verwaltungsapparates im ZK der SED Partei und Staat steuerte.

1963	1963/66	Februar 1967
NÖSPL	*Passierscheinabkommen*	*DDR-Staatsbürgerschaft*

Die wirtschaftliche Entwicklung in der DDR

Mit dem „Neuen Ökonomischen System der Planung und Leitung" der Wirtschaft (**NÖSPL**, 1963) strebte die DDR-Führung eine Verbesserung der Versorgungslage an. Die Reformen (leistungsabhängige Löhne, Stärkung der Eigeninitiative) führten zu wirtschaftlichem Wachstum, das Vorbildfunktion für den Ostblock besaß. Mit der Rückkehr zur zentralen Lenkung der Wirtschaft (1970) traten jedoch immer stärker die Funktionsprobleme des Systems auf. Offiziell gab es keine Arbeitslosigkeit in der DDR, die Kosten für Mieten, Grundnahrungsmittel und Waren des täglichen Bedarfs blieben stabil. Diese wirtschaftlichen Erfolge wurden aber bezahlt mit geringer Produktivität und Gütern, die auf dem Weltmarkt nicht konkurrenzfähig waren. Statistiken wurden gefälscht, um die Planerfüllung vorzutäuschen. Die Unterbindung von Eigeninitiative, Innovations- und Leistungsbereitschaft sowie der Raubbau an der volkswirtschaftlichen Substanz waren Kennzeichen der **Mangelwirtschaft**. Die Verteuerung der Rohstoffe nach den Ölkrisen und die Einbindung in den RGW führten zu einer Stagnation der DDR-Wirtschaft. Investitionsmittel für die Sanierung der veralteten Betriebe, verfallender Städte und die zerstörte Umwelt fehlten.

Die gesellschaftliche Entwicklung in der DDR

Im Zuge des NÖSPL erfolgte die Mobilisierung der Bevölkerung für die Wirtschaft, z. B. mit Betonung des Praxisbezugs schulischer Inhalte und **ganztägiger Kinderbetreuung** zur Entlastung der Mütter. Die Förderung der Frauenerwerbstätigkeit entsprach dem Selbstverständnis des sozialistischen Staates, war eine Reaktion auf den Arbeitskräftemangel und ermöglichte den Familien ein notwendiges zweites Einkommen.

Die **ideologische Erziehung** begann in Kindergärten und Schulen. Der Anspruch des sozialistischen Staates setzte sich im Beruf fort und erfasste alle Bereiche des öffentlichen und gesellschaftlichen Lebens, dem man sich nur in privaten „Nischen" entziehen konnte. Da der „linientreue" DDR-Mensch eine Wunschvorstellung der Staatsführung war, unterband die DDR-Führung alles, was die innere Stabilität des Staates gefährden konnte. Die Stasi überzog die Bevölkerung mit einem engen Netz von **Spitzeln** („IM"). Systemkritiker, Künstler und Bürgerrechtler, die nach den KSZE-Konferenzen fundamentale Menschenrechte in der DDR forderten, wurden überwacht, verhaftet oder ausgewiesen. Kontakte zu West-Journalisten standen ebenso unter Strafe wie der Fernsehempfang westdeutscher Sender.

Mai 1971 — *Honecker wird SED-Chef*

1973 — *Aufnahme in die UNO*

Dennoch konnte die Staats- und Parteiführung zunehmenden innerdeutschen Besucherverkehr, Städtepartnerschaften und Begegnungen auf internationaler Ebene nicht verhindern. Die Menschen zogen sich, soweit es ging, ins Privatleben zurück, bauten ihr Wochenendhäuschen im Grünen, die Datscha, und übten sich, abgesehen von der Teilnahme an politischen Pflichtveranstaltungen, in vorsichtiger Distanz zum Regime.

Die Entwicklung in der DDR bis zur Wende

50er-Jahre

strikte Planwirtschaft

- Ausbau der Grundstoff- und Schwerindustrie
- mangelhafte Versorgung mit Konsumgütern

60er-/70er-Jahre

Mauerbau, Lockerung der Planwirtschaft

- Anschluss an die führenden Industrienationen
- sehr hoher Lebensstandard der Bevölkerung im Vergleich zu anderen COMECON-Staaten
- vollständige Integration der Frau in das Berufsleben

Steigender Wohlstand bei bleibender Unzufriedenheit

Hoffnung auf Liberalisierung des Systems:

- Entspannungspolitik der 70er-Jahre
- internationale Anerkennung (UNO, KSZE)

- Sehnsucht nach dem Lebensstandard im Westen
- Verweigerung demokratischer Rechte

80er-Jahre

- Reformen Gorbatschows in der UdSSR
- Ideologischer Starrsinn Honeckers: Erziehung zur „sozialistischen Persönlichkeit" (Massenorganisationen, mangelnde Individualisierung); Propaganda, Verbot von Westfernsehen
- Stagnation der DDR-Wirtschaft

- Verfolgung von Kritikern und Oppositionellen (Schikanen, Verhaftungen, Zwangsausbürgerungen)
- Zweiklassengesellschaft: Privilegien von Parteifunktionären
- Waren minderer Qualität, lange Lieferfristen, lange Wartezeiten beim Einkauf, Wohnungsnot

Flucht in Nischen

Schaubild

Die Entwicklung in der DDR bis zur Wende

1.14 Die Revolution in der DDR und die deutsche Einheit

Die Ostverträge hatten eine Wiedervereinigung Deutschlands in weite Ferne gerückt, die Verfassung der DDR sprach seit 1974 von einer „sozialistischen Nation".

Der äußeren Stabilisierung fehlte weiterhin die Zustimmung im Inneren. Auch wirtschaftlich stagnierte der Aufholprozess. Mangelwirtschaft und Konsumverzicht prägten den Alltag.

Aber die DDR-Führung weigerte sich, die Realität anzuerkennen und Gorbatschows Reformen zu übernehmen. Um sich der Unterdrückung und Überwachung zu entziehen, versammelten sich Oppositionelle in kirchlichen und Bürgerrechtsgruppen und riefen zum **Boykott der Kommunalwahl** 1989 auf. Zu **Massendemonstrationen** in fast allen Städten versammelten sich Hunderttausende, ohne dass Sowjettruppen eingriffen. Ausreisewillige nutzten die Möglichkeit, über die offene ungarische Grenze nach Österreich oder in westdeutsche Botschaften in Prag und Warschau zu fliehen.

Die Revolution in der DDR

Auf dem Höhepunkt der Fluchtwelle im Herbst 1989 wurde Honecker zum Rücktritt gezwungen. Sein Nachfolger **Krenz** ordnete für den **9.11.1989** ein neues Reisegesetz an. Die Grenze wurde aber bereits in der Nacht geöffnet, sodass die **Mauer in Berlin gefallen** war.

Der neue Ministerpräsident **Modrow** versuchte, durch die Einbeziehung der Opposition das sozialistische System umzugestalten. „Runde Tische" nahmen alle Belange des öffentlichen Lebens in die Hände, lösten die „Stasi" auf und überwachten die Ausarbeitung einer Verfassung. **Der SED-Staat war zusammengebrochen**.

Zur wirtschaftlichen und finanziellen Sanierung des bankrotten Staates war Modrow auf die Hilfe der Bundesrepublik angewiesen. Sein Vorschlag einer Konföderation beider Staaten wurde durch den sich beschleunigenden Zerfall der DDR hinfällig. In der **Volkskammerwahl** (18.3.1990) erhielten die neu gegründeten und von Westdeutschland unterstützten Parteien die Mehrheit. Der CDU-Vorsitzende **de Maizière** wurde zum letzten Ministerpräsidenten der DDR gewählt.

1989	9.11.1989	März 1990
Fluchtwelle und Massendemonstrationen	*Maueröffnung*	*Volkskammerwahl*

Die Wiederherstellung der Einheit Deutschlands

Die Ereignisse in der DDR hatten die BRD unvorbereitet getroffen. Die Forderung der DDR-Bürger nach Einführung der D-Mark und ihre anhaltende Abwanderung in den Westen ermöglichten es Bundeskanzler Kohl, in Verhandlungen mit der neuen DDR-Regierung die Chance zur Wiedervereinigung zu nutzen. Mit der **Wirtschafts- und Währungsunion** (1.7.1990) übernahm die DDR die D-Mark zum Umtauschkurs von 1 : 1 für Einkommen und Spareinlagen. Ansprüche früherer Eigentümer wurden bei der Umstellung der Plan- auf Privatwirtschaft auf einen späteren Zeitpunkt vertagt. Der **„Fonds Deutsche Einheit"** sollte mit 155 Mrd. DM die Lebens- und Beschäftigungsverhältnisse angleichen.

Am 3.10.1990 erfolgte die **Vereinigung Deutschlands** durch die Übernahme des Grundgesetzes in den „neuen Ländern" Brandenburg, Mecklenburg-Vorpommern, Sachsen, Sachsen-Anhalt, Thüringen. Der Deutsche Bundestag entschied sich für den Regierungsumzug in die **Bundeshauptstadt Berlin** (20.6.1991).

Die „Abwicklung" der Nationalen Volksarmee, die Angleichung der staatlichen Strukturen und des Rechtssystems verlief im Ganzen problemlos, der wirtschaftliche und gesellschaftliche Umwandlungs- und Vereinigungsprozess erheblich langsamer. Nach dem Zusammenbruch der Wirtschaft übernahm die **Treuhandanstalt** die staatlichen Betriebe und **privatisierte** sie. Die maroden, personell überbesetzten ehemaligen DDR-Betriebe waren nicht mehr konkurrenzfähig. Als Folge ihrer Stilllegung stieg die Arbeitslosigkeit im Osten stark an und ist seitdem nicht mehr gesunken.

Der Ausgleich mit den alliierten Siegermächten

Für die Wiedervereinigung war die Zustimmung der Siegermächte des Zweiten Weltkriegs erforderlich. Während Bundeskanzler Kohl von Staatspräsident Gorbatschow nach vertraulichen Gesprächen die Zustimmung erreichen konnte, unterstützten auch die USA den Vereinigungsprozess. Großbritannien und Frankreich hingegen befürchteten eine politische Hegemonie Deutschlands in Europa.

Nach den **„Zwei-plus-vier-Konferenzen"** (1990) sicherte Deutschland vertraglich die bestehenden Grenzen als rechtsgültig zu, verringerte die Streitkräfte, bestätigte die NATO-Mitgliedschaft und erreichte im Gegenzug die Beendigung der Viermächte-Verantwortung und den Abzug der sowjetischen Truppen. Damit hatte Deutschland volle staatliche Souveränität erhalten.

1.7.1990	3.10.1990	1990	Juni 1991
Wirtschafts- und Währungsunion	Wiedervereinigung	„2+4-Konferenzen"	Berlin Hauptstadt und Regierungssitz

2 Brennpunkte und Entwicklungen in der bipolaren Welt

2.1 Der Aufstieg der Sowjetunion zur Führungsmacht

Beim Tod Lenins (1924) hatte sich die großrussisch-zentralistische Sowjetmacht auf dem Gebiet des ehemaligen Zarenreichs zentrale Strukturen kommunistischer Herrschaft mit brutaler Gewalt gefestigt.

Ideologisch mit dem andauernden Kampf zwischen friedlichem sozialistischen und aggressivem kapitalistischen Lager begründet, wurde das Wohl der Bevölkerung konsequent den Interessen der Partei, der Führer und des Staates untergeordnet. **Stalin**, Sieger im Machtkampf nach Lenins Tod, führte den Kampf gegen alle tatsächlichen und vermeintlichen Gegner der Sowjetisierung fort. Sein „Aufbau des Sozialismus in einem Land" veränderte den Staat gründlicher als die Oktoberrevolution.

Stalinistische Wirtschafts- und Gesellschaftspolitik

Mit dem ersten Fünfjahresplan begann 1928/29 die **Kollektivierung der Landwirtschaft**. Von Kollektivwirtschaften (Kolchosen) und staatlichen Großbetrieben (Sowchosen) erhoffte sich die Parteiführung größere Effizienz und Unabhängigkeit von Privatinteressen. Dabei wurde auf Anweisung Stalins die groß- und mittelbäuerliche Schicht der **„Kulaken"** ausgerottet, mehr als fünf Millionen Menschen wurden nach Sibirien deportiert. Die staatlich verordnete Proletarisierung der Bauern hatte katastrophale Produktionseinbrüche mit 11 Millionen Hungertoten zur Folge.

Gleichzeitig erfolgte der massive **Ausbau der Schwerindustrie**, um den Bedarf an Eisen, Stahl und Maschinen zu decken. Zugunsten dieses „ökonomischen Fundaments des Sozialismus" vernachlässigte Stalin die Konsumgüterindustrie. Zur Mobilisierung der Arbeiter wurden ein abgestuftes Lohnsystem eingeführt und Fehlverhalten am Arbeitsplatz mit Lohnkürzungen und sogar mit Lagerhaft bestraft. Den Parteiapparat disziplinierte Stalin mit Schauprozessen gegen innerparteiliche Kritiker. Der gewaltsame Aufbau des „Sowjetpatriotismus" war begleitet von einer Landflucht in die Städte, die die Sozialstruktur des Sowjetstaates grundlegend veränderte.

Januar 1924 – *Tod Lenins*

1928 – *Beginn der Kollektivierung*

1928 – *Beginn der „Säuberungen"*

Ein kaum vorstellbarer **Terror** durch die Sicherheitsorgane begleitete die Umgestaltung. Auf dem Höhepunkt der **Großen Säuberung** Mitte der 30er-Jahre ließ Stalin wahllos Rivalen nach Schauprozessen hinrichten. In den Gefängnissen und Lagern des **„Gulag“** verschwanden acht Millionen Sowjetbürger, ein riesiges Arbeitskräftepotenzial für den Aufbau Sibiriens. Stalins Widersacher Trotzkij wurde im mexikanischen Exil ermordet (1940). Die Rote Armee wurde „geköpft“; der Säuberungswelle fielen ¾ der Generalität zum Opfer. An die Stelle der verhafteten Fachleute und Kritiker traten Stalin ergebene, karrierebewusste Parteimitglieder, die „als Vortrupp der Werktätigen“ unter Stalin den in der Verfassung von 1936 verankerten Anspruch der KPdSU als führende Kraft in Staat und Gesellschaft der UdSSR durchsetzten.

Die Außenpolitik Stalins

Stalins Forderung nach absolutem Führungsanspruch der KPdSU hatten sich die Kommunisten aller Länder bedingungslos zu unterwerfen.

Stalin lehnte jede „kollektive Verantwortung“ für den Frieden ab und versuchte, die sowjetischen Sicherheitsinteressen durch eine Annäherung an das Deutsche Reich und Japan zu wahren. Der **Hitler-Stalin-Pakt** (1939) ordnete Finnland, das Baltikum und Ostpolen dem sowjetischen Einflussbereich zu und gab ihm die notwendige „Atempause“ für die Reorganisation der geschwächten Armee.

Dank der Mobilmachung aller Kräfte, alliierter Hilfsleistungen und der 1944 eröffneten „Zweiten Front“ in Westeuropa gelang der Sieg über Hitler-Deutschland im **„Großen Vaterländischen Krieg“**, den Stalin nach dem deutschen Überfall auf die Sowjetunion proklamiert hatte. Die riesigen Gebietsgewinne der Roten Armee ermöglichten Stalin die **Verschiebung der Westgrenze** gemäß dem Hitler-Stalin-Pakt und die Einflussnahme auf die künftige Gestaltung Europas durch die Etablierung von „Volksfrontregierungen“.

Die **Sowjetisierung Ostmittel- und Südosteuropas** nach 1945 schuf einen Gürtel von Satellitenstaaten, die politisch und wirtschaftlich auf Moskau ausgerichtet waren, die UdSSR militärisch sicherten und deren Wirtschaftspotenzial dem sowjetischen Wiederaufbau diente.

Innenpolitisch war auch die spätstalinistische Ära durch wahllose Verfolgung und Unterdrückung geprägt. Die allmächtige Person Stalins blieb unangetastet. Nach seinem Tod (1953) verurteilte der XX. Parteitag der KPdSU zwar den **Personenkult**, aber nicht die von ihm vollzogene Umgestaltung des Staates.

23. 8. 1939	1941–1945	ab 1945	März 1953
Hitler-Stalin-Pakt	*„Großer Vaterländischer Krieg“*	*Sowjetisierung Osteuropas*	*Tod Stalins*

2.2 Der Aufstieg der USA zur Führungsmacht des Westens

Innenpolitische Entwicklung

Die Zwischenkriegszeit war in den USA eine Phase kontinuierlichen wirtschaftlichen Wachstums, der keine Grenzen zu haben schien. Der ungezügelte Kapitalismus wies dem Staat nur eine Randfunktion zu. Dank der Fließbandproduktion trat das Auto seinen Siegeszug an und erhöhte die Mobilität der amerikanischen Bevölkerung.

Das Verbot alkoholischer Getränke (Prohibition, 1920–1933) wurde durch Schmuggel umgangen, der zum Aufblühen des organisierten Verbrechens führte. Der Bau von „Wolkenkratzern" veränderte das Aussehen amerikanischer Großstädte. Das Auto wurde zum Ausdruck persönlicher Mobilität im **„American way of life"**.

Die Zeitspanne der Prosperität fand ein abruptes Ende mit dem **Börsen- und Wirtschaftszusammenbruch** ab Oktober **1929**. Bis 1932 sank das Bruttosozialprodukt auf fast die Hälfte, die Arbeitslosigkeit erreichte 1933 ihren Höchststand mit 25 %. Der Preisverfall der Agrarprodukte riss auch die Landwirtschaft in die Krise. Das jahrzehntelange Vertrauen in die Laisser-faire-Wirtschaft wurde abgelöst von einer Demoralisierung der Bevölkerung, die alle Lebensanschauungen und Werte erschütterte.

Der demokratische US-Präsident Roosevelt (1932–1945) versuchte mit dem Wirtschafts- und Sozialprogramm des **New Deal** (1933–1939) mit Arbeitsbeschaffungsmaßnahmen die Krise zu bekämpfen. Die groß angelegten Infrastrukturmaßnahmen (z. B. Staudamm- und Kraftwerkbau im Tennesseetal) sowie Reformen in der Industrie, der Landwirtschaft und im Banken- und Sozialwesen entsprachen einer neu empfundenen sozialen Verantwortung des Staates. Trotz wichtiger Einzelerfolge gelang es aber nicht, die strukturell bedingte Wirtschaftskrise zu beheben. Erst mit dem amerikanischen Eintritt in den Zweiten Weltkrieg und der Ausweitung der Rüstungsproduktion wurde die Krise überwunden.

Außenpolitische Entwicklung

Zu Beginn des Ersten Weltkriegs verfolgten die USA zunächst aufgrund der kulturellen Nähe zu Großbritannien eine „parteiische Neutralität". Der Kriegseintritt 1917 und die Entsendung von über zwei Millionen Soldaten nach Europa erwiesen sich dann als kriegsentscheidend.

April 1917	1920–1933	25. 10. 1929	1933–1939
Kriegseintritt der USA	*Prohibition*	*„Schwarzer Freitag"*	*New Deal*

1918 waren die USA zur **bedeutendsten Wirtschaftsmacht** und von einer Schuldner- zur Gläubigernation geworden. Aus Enttäuschung über die Ergebnisse der Versailler Friedenskonferenz verfolgte der republikanische Präsident Harding eine Politik des selbst gewählten **Isolationismus.** Dies galt aber nicht für die Außenhandelspolitik. Die USA hatten starkes Interesse an wirtschaftlicher Stabilität in Europa, um ihre dortigen Investitionen zu sichern und die Rückzahlung der alliierten Schulden zu ermöglichen. Gegen die anderen Siegermächte setzten sie erleichterte Zahlungsmodalitäten für das Deutsche Reich (Dawes-Plan; Young-Plan) durch.

Erst Ende der 30er-Jahre betrieb Roosevelt eine vorsichtige Abkehr vom Isolationismus. Der japanische Angriff auf China berührte unmittelbar amerikanische Wirtschaftsinteressen. Ein Wirtschaftsboykott (1940) provozierte die Japaner zum Angriff auf **Pearl Harbor** (7.12.1941). Roosevelt hatte nun eine breite öffentliche Zustimmung für den Krieg gegen Japan und das Deutsche Reich. Die Unterstützung der Alliierten (Land-Lease-Act, 1941) hatte bisher im Verkauf von Waffen und der Verpachtung von Militärstützpunkten bestanden. 1942 liefen die Hilfslieferungen an Großbritannien und die UdSSR in vollem Umfang an.

Die Strategie des „Germany first" ermöglichte den Japanern zunächst die Eroberung eines Herrschaftsgürtels weit vor den eigenen Inseln. Erst nach der Seeschlacht von Midway (Juni 1942) konnten die USA zur Gegenoffensive übergehen und die verlorenen Territorien im Pazifik zurückerobern. In Europa erfolgte der amerikanische Angriff zunächst über das Mittelmeer. Mit der Landung in der Normandie (6.6.1944) wurde die „Zweite Front" eröffnet und der Vormarsch auf Deutschland angetreten. Der Krieg gegen Japan endete (14.8.1945) nach den beiden **Atombombenabwürfen** auf Hiroshima und Nagasaki.

Ende des Zweiten Weltkriegs hatten sich die USA mit ihren ungeheuren personellen, materiellen und finanziellen Ressourcen als Führungsmacht der westlichen Welt etabliert. Seit der Konferenz von Bretton Woods (1944) war der US-Dollar internationale Leitwährung. Amerikanisches Militär war rund um die Welt stationiert und sicherte den Wiederaufbau der staatlichen Strukturen in den ehemaligen Gegnerstaaten als Übernahme des freiheitlich-parlamentarischen Demokratiemodells ab. Die Abwehr des expansiven Sowjetkommunismus war das Hauptziel der Politik – nach außen durch die Atombombendrohung, im Inneren durch die Bekämpfung Linksintellektueller („McCarthy-Ära").

1940	Dezember 1941	Juni 1944	August 1945
Boykott gegen Japan	*Japanischer Angriff auf Pearl Harbor*	*Landung in der Normandie*	*Atombomben auf Hiroshima und Nagasaki*

2.3 Kommunistische Expansion und Kalter Krieg

Der Kalte Krieg begann 1945, brach mit dem Marshall-Plan offen aus und hatte seinen Höhepunkt im **Berliner Mauerbau** und der **Kuba-Krise**. Dabei kämpften USA und UdSSR auf allen innen- und außenpolitischen Feldern um machtpolitischen Einfluss und militärische Überlegenheit. Sie bedienten sich schablonenhafter Feindbilder, politischer und wirtschaftlicher Einflussnahme auf andere Staaten, der Spionage, des Wettrüstens und Stellvertreterkriege (z. B. in Afrika). Die Spaltung der Welt in zwei Lager erlaubte nur wenigen Staaten, neutral zu bleiben. Diese blockfreien Staaten, z. B. Indien, Indonesien, Ägypten, bezeichneten sich seit der Konferenz von Bandung (1955) als „Dritte Welt".

Sowjetisierung Osteuropas

Die baltischen Staaten waren bereits während des Kriegs an Russland gefallen. Nach Kriegsende blieben russische Truppen in Polen, der Tschechoslowakei, Ungarn, Rumänien und Bulgarien stationiert. In diesen Ländern wurden sozialistische „Volksdemokratien" installiert, die mit Beistandspakten an die UdSSR gebunden wurden. Auch im griechischen Bürgerkrieg wurden Kommunisten im Kampf gegen das unter der Herrschaft der USA stehende „imperialistische, antidemokratische Lager" unterstützt (**Zwei-Lager-Theorie**). Churchill konstatierte bereits 1945, dass Europa durch einen **Eisernen Vorhang** getrennt sei.

Die Containment- und Roll-Back-Politik der USA

Die USA deuteten die sowjetische Politik als kommunistisches Expansionsstreben. US-Außenminister Byrnes formulierte daher in Stuttgart 1946 die **„Truman-Doktrin"**. Sie beinhaltet wirtschaftliche, finanzielle und militärische Hilfe für alle Länder, deren Selbstbestimmungsrecht durch totalitäre Regime bedroht sei, um den internationalen Frieden und die Sicherheit der USA zu gewährleisten. Damit sollte der Kommunismus eingedämmt werden (**„Containment"**).

Im Fall des ebenfalls geteilten **Koreas** drohte die weltweite Eskalation. Der Angriff des kommunistischen Nordkoreas und Chinas auf Südkorea wurde von unter US-Führung stehenden UNO-Truppen abgewehrt. Der Versuch, Nordkorea zu befreien, scheiterte aber. Die UdSSR hatte im Korea-Krieg nicht direkt eingegriffen.

Da die UdSSR seit 1949 die **Atombombe** besaß, verstärkten die USA konventionelle und atomare Rüstung, um den Kommunismus zurück-

März 1947	4. 4. 1949	1950–1953	Februar 1955
Truman-Doktrin, Containment-Politik	*Gründung der NATO*	*Korea-Krieg*	*SEATO, Bagdadpakt*

zudrängen (**„Roll Back“**). Diese Politik wurde wegen der militärischen Risiken nicht praktisch umgesetzt. Beide Seiten respektierten die Einflusssphäre des Gegners. Die politischen Konflikte überschritten nicht die Schwelle zum Beginn eines offenen Kriegs.

1955 war die Teilung der Welt in einen kommunistischen und einen demokratisch-kapitalistischen Block vollzogen. Die westliche Welt war unter Führung der **USA** militärisch in NATO (1949), Bagdadpakt (Naher Osten, 1955) und SEATO (Südostasienpakt, 1954), die **UdSSR** und ihre Satellitenstaaten im Warschauer Pakt (1955) organisiert.

Höhepunkt des Kalten Kriegs war die **Kuba-Krise** (1962). US-Präsident Kennedy verhängte gegen die Stationierung sowjetischer Raketen auf Kuba eine Seeblockade und alarmierte die Bomberflotte. Im letzten Moment lenkte KPdSU-Chef Chruschtschow ein und stimmte einem beiderseitigen Abbau der Raketen auf Kuba und in der Türkei zu. Durch „Tauwetterperioden“, Entspannungs- und Abrüstungsphasen gemildert, dauerte der Kalte Krieg bis zum Zerfall der Sowjetunion an.

Trotz der „friedlichen Koexistenz“ hielt allerdings das militärische Wettrüsten an.

Aufstandsbewegungen in Osteuropa

Neben dem Volksaufstand in der DDR (1953) gab es in Osteuropa weitere Versuche, einen eigenständigen Weg zu gehen und die sowjetische Hegemonie abzuschütteln. Die Ostblockstaaten nutzten dabei Schwächezeichen Moskaus, wie bei der nach Stalins Tod durch seinen Nachfolger Chruschtschow eingeleiteten „Entstalinisierung“.

Im **„Polnischen Oktober“** (1956) scheiterte Parteichef Gomulka mit einem Reformprogramm am Widerstand der von Moskau gestützten linientreuen polnischen Funktionäre. Im **Ungarnaufstand** (1956) besetzte die Rote Arme Budapest, als Reformkommunist Nagy die Demokratie einführen wollte. Auch der **Prager Frühling** (1968), der in der CSSR einen „Sozialismus mit menschlichem Antlitz“ verwirklichen sollte, wurde durch Truppen des Warschauer Pakts niedergeschlagen und die CSSR besetzt. In allen Fällen beließ es der Westen bei verbalen Positionen und griff nicht militärisch ein. In Polen forderte die neu gegründete freie Gewerkschaft **Solidarnošč** politische Freiheit. Um eine sowjetische Intervention zu verhindern, verhängte die polnische Regierung 1981 das Kriegsrecht und verbot die Gewerkschaft.

Mai 1955	*Oktober 1956*	*1968*	*Dezember 1981*
Warschauer Pakt	*„Polnischer Oktober“, Ungarnaufstand*	*„Prager Frühling“*	*Verhängung des Kriegsrechts in Polen*

2.4 Das Zeitalter der Entspannung

Berlin- und Kubakrise hatten das Risiko der wechselseitigen nuklearen Vernichtung aufgezeigt. Sogar der Weltraum war nach dem **„Sputnik-Schock“** durch den ersten russischen Satelliten (1957) mit Raumfahrtprogrammen in die jeweilige Aufrüstung einbezogen worden. Das **atomare Patt** beider Seiten sorgte in den 60er-Jahren für ein „Gleichgewicht des Schreckens“. Trotz ihrer Rivalität waren daher USA und UdSSR in den Folgejahren um De-Eskalation, **Entspannung** („Detente“) und Kooperation bemüht.

Rüstungsbeschränkung

Das **Atomteststopp-Abkommen** (1963) und der Vertrag über **die Nichtverbreitung von Kernwaffen** (1968) zwischen USA, UdSSR und Großbritannien setzten den Atommächten erste Grenzen. Danach wurden die Reduzierung strategischer Waffen (SALT I, 1972; SALT II, 1979), der Truppen in Europa (MBFR, 1975) und die Abschaffung nuklearer Mittelstreckenraketen (INF, 1987) vereinbart. Statt „massiver atomarer Vergeltung“ eines Angriffs wollten die USA nun abgestuft reagieren („flexible response“).

Sicherheit und Zusammenarbeit in Europa

Im Zuge der Entspannung trat ab 1972 die Konferenz für Sicherheit und Zusammenarbeit in Europa **(KSZE)** zusammen. Die Schlussakte **(Helsinki,** 1975) war eine Absichtserklärung, z. B. für Gewaltverzicht, territoriale Integrität, Achtung der Menschenrechte und Grundfreiheiten. Auf Folgetreffen wurde der Dialog fortgesetzt. Nach dem Zusammenbruch des Ostblocks bildete die KSZE, 1994 in OSZE umbenannt, die einzige gesamteuropäische Institution und nahm auch außereuropäische Mitglieder auf.

Krise der Entspannungspolitik

Den sowjetischen Einmarsch in Afghanistan 1979 und die Aufstellung neuer Mittelstreckenraketen in Europa beantwortete die NATO mit einem **Doppelbeschluss:** Sollte die UdSSR nicht ihre Systeme abbauen, würde der Westen gleichziehen. Der umstrittene Beschluss wurde ab 1983 umgesetzt. US-Präsident Reagan kündigte zudem ein weltraumgestütztes Abwehrsystem an (SDI). Erst dieser Druck veranlasste Gorbatschow dazu die Abrüstungsgespräche fortzusetzen.

Oktober 1957	*Juli 1968*	*ab 1972*	*August 1975*
„Sputnik-Schock“	*Atomwaffensperrvertrag*	*Rüstungsbegrenzung*	*KSZE-Schlussakte (Helsinki)*

2.5 Der Zerfall der Sowjetunion

Im Wettstreit der Systeme war es dem Sozialismus zu keinem Zeitpunkt gelungen, die in Anspruch genommene Überlegenheit gegenüber dem Kapitalismus zu beweisen. Im Gegenteil, auf allen Feldern traten in den 80er-Jahren die systemimmanenten Schwächen und Widersprüche immer deutlicher zutage. Die Unterdrückung privater Initiative und Leistungsbereitschaft führte zu **Misswirtschaft, Unterversorgung** und **technologischer Rückständigkeit**. Die Zwangsmitgliedschaft der osteuropäischen Staaten im Rat für gegenseitige Wirtschaftshilfe (RGW) behinderte zusätzlich den Technologie- und Wirtschaftsaustausch, bremste die wirtschaftliche Entwicklung und machte abhängig von den Vorgaben der Moskauer Zentrale. Rüstungswettlauf und militärische Abenteuer, z. B. in Afghanistan, waren nicht mehr zu finanzieren.

Der Bevölkerung wurden die in der KSZE-Schlussakte vereinbarten Freiheitsrechte verweigert. Der **Vertrauensverlust** in die politische Führung vergrößerte die Perspektivlosigkeit, der Unmut über die desolate wirtschaftliche Lage und die mangelnde politische Freiheit wuchs. **Bürgerrechtsbewegungen** (z. B. Charta 77 in der ČSSR) erhielten trotz Überwachung durch den Sicherheitsapparat starken Zulauf und beeinflussten die weitere Entwicklung.

Gorbatschows Politik von Glasnost und Perestroika

Michail **Gorbatschow**, seit 1985 Generalsekretär der KPdSU, setzte gegen innerparteilichen Widerstand auf einen Umbau (**Perestroika**) des sozialistischen Systems und Offenheit (**Glasnost**) des öffentlichen Lebens. Er wollte demokratische Teilhabe und privatwirtschaftliche Elemente stärken. Außenpolitisch erfolgte ein schrittweiser Rückzug aus internationalen Engagements der UdSSR (Abzug aus Afghanistan, 1988/89). Jedes Land solle künftig seinen eigenen Weg („my way“, Sinatra-Doktrin) gehen können. Geringe Unterstützung vonseiten der Arbeiterschaft und Konservativen behinderte die konsequente Umsetzung.

Die Auflösung des Ostblocks

Da verbindliche Verhaltensvorschriften aus dem Kreml ausblieben, beschritten die sowjetischen Satellitenstaaten einen eigenständigen Weg, ohne aber das sozialistische System insgesamt erhalten zu können. In **Ungarn** trieben Reformkräfte die Umgestaltung energisch voran und ließen politische Parteien zu. Die Öffnung des „Eisernen Vorhangs“ 1989

März 1985	*1988/89*	*1989*	*September 1989*
Gorbatschow KPdSU-Chef	*sowjet. Abzug aus Afghanistan*	*Sinatra-Doktrin*	*Grenzöffnung in Ungarn*

ermöglichte Ausreisewilligen aus der DDR die Flucht nach Österreich. In den Wahlen von 1990 siegte eine bürgerlich-demokratische Koalition. In **Polen** vermittelte die katholische Kirche die Wiederzulassung der verbotenen Gewerkschaft Solidarnosc. 1989 konnte der sozialistische Block zwar noch seine Vormachtstellung behaupten, aber bereits die ersten freien Präsidentenwahlen 1990 brachten Solidarnosc-Führer Walesa ins höchste Staatsamt.

Die Demokratisierung Osteuropas wurde durch den Fall der Mauer beschleunigt. In allen Ostblockstaaten erzwang die Bevölkerung die Zulassung demokratischer Parteien und freie Wahlen, bei denen sich in **Bulgarien** Reformsozialisten gegen eine zersplitterte Opposition behaupteten. In der **ČSSR** siegte ein überparteiliches Bündnis. Der neue Staatspräsident **Havel** konnte die Abspaltung der Slowakei (1993) nicht verhindern. Jugoslawien zerfiel ab 1991in verschiedene Teilstaaten. Nur in **Rumänien** kam es zu blutigen Auseinandersetzungen, dort wurde KP-Chef **Ceausescu** hingerichtet.

Der Umbruch in Osteuropa hatte den Warschauer Pakt überflüssig gemacht, er löste sich 1991 selbst auf. Die neuen Demokratien, aus denen die Truppen der Sowjetarmee bereits abgezogen waren, schlossen sich mit der NATO zu einem Kooperationsrat zusammen. Polen, Ungarn und Tschechien traten 1998 der NATO bei.

Die Auflösung der Sowjetunion

Innerhalb der UdSSR verschärften Glasnost und Perestroika die Nationalitätenfrage. Viele der 101 Völkerschaften forderten nach langer zentralistischer Gängelung durch Zarismus und Stalinismus Autonomie. Ein gescheiterter Putschversuch kommunistischer Kräfte gegen Gorbatschow (1991) beschleunigte den Zerfall der Sowjetunion. An ihre Stelle trat 1991 die Gemeinschaft Unabhängiger Staaten **(GUS)**. Ihr größter Gliedstaat ist Russland. Zusammen mit der Ukraine, Weißrussland und vielen der neu gegründeten Republiken im Osten bildet die GUS einen lockeren Verbund der ehemaligen Sowjetrepubliken. Die baltischen Staaten **Lettland**, **Estland** und **Litauen** sowie **Georgien** traten ihm nach ihrer Unabhängigkeit (1991) nicht mehr bei.

Seit dem Zerfall der UdSSR ist Russland nicht mehr in der Lage, als gleichberechtigte Großmacht aufzutreten. Weder Staatspräsident Jelzin noch seine Nachfolger Putin und seit 2008 Medwedew konnten verhindern, dass sich die ostmitteleuropäischen Staaten, ehemals Sowjetrepubliken, nach Westen orientierten und Anschluss an die EU fanden.

1989/90	Juli 1991	Dezember 1991
Demokratisierung Osteuropas	*Auflösung des Warschauer Pakts*	*Bildung der GUS*

3 Europa

3.1 Die europäische Integrationspolitik

Mit einem wirtschaftlichen und politischen Zusammenschluss Europas nach 1945 verbanden sich die Hoffnung auf Sicherheit, Frieden und Abwehr der kommunistischen Expansion, auf wirtschaftlichen Wohlstand durch die Intensivierung des Handels und auf Freiheit und Mobilität im Personen-, Güter- und Kapitalverkehr. Nur ein geeintes Europa sei fähig, die Jahrhunderte kriegerischer Auseinandersetzungen zu überwinden, sich neben den neuen Weltmächten USA und UdSSR zu behaupten und ein neues europäisches Selbstverständnis zu entwickeln.

Der Beginn des westeuropäischen Integrationsprozesses

Die „Vereinigten Staaten von Europa" wurden 1946 bereits von Churchill gefordert, aber es gab kein einheitliches Europa-Modell. Je nach politischer Lage erfolgten Zusammenschlüsse in unterschiedlichen Politikfeldern. Die **Westunion** (Brüsseler Vertrag, 1948) war ein Verteidigungsbündnis der Benelux-Staaten, Frankreichs und Großbritanniens. Nach dem Beitritt der Bundesrepublik und Italiens (Pariser Verträge, 1954) in **Westeuropäische Union** umbenannt, blieb sie auf Rüstungskontrolle beschränkt. Der **Europarat** (1949) wurde als Gremium zum Schutz der Bürger der Mitgliedstaaten gegründet. Er beschränkt sich auf Konventionen und Empfehlungen zur Wahrung der Menschenrechte. In ihm sind inzwischen fast alle europäischen Staaten vertreten.

Die wirtschaftliche Zusammenarbeit begann mit der **OEEC** (1948, ab 1960 **OECD**: Organisation für wirtschaftliche Zusammenarbeit und Entwicklung) zur Verwaltung der ERP-Mittel. Die **EGKS** (Europäische Gemeinschaft für Kohle und Stahl: Benelux-Staaten, Frankreich und Westdeutschland, 1951) bildete einen Gemeinsamen Markt in der Montanindustrie. Die **Europäischen Gemeinschaften** (Europäische Wirtschafts- (**EWG**) und Atomgemeinschaft (**EURATOM**) mit Frankreich, der Bundesrepublik, Italien und den Benelux-Staaten (Römische Verträge, 1957) schufen den Gemeinsamen Markt durch den Wegfall der Zoll- und Handelsschranken. Die Europäische Verteidigungsgemeinschaft (**EVG**, 1952) kam nicht zustande. In der Europäischen Freihandelsassoziation (**EFTA**, 1960) schlossen sich neutrale Länder (z. B. Österreich, Schweden, Großbritannien) zusammen.

März 1948	Mai 1949	April 1951	März 1957
Westunion	*Europarat*	*EGKS*	*Europäische Gemeinschaften (EWG, EURATOM)*

Deutsch-französische Zusammenarbeit

Kern der europäischen Integration war die deutsch-französische Aussöhnung und die Zusammenarbeit der ehemaligen „Erbfeinde". Der Höhepunkt dieser Partnerschaft war die Unterzeichnung des Deutsch-Französischen Freundschaftsvertrages (**Elysée-Vertrag**, 1963) durch Staatspräsident de Gaulle und Bundeskanzler Adenauer. Darin wurden regelmäßige Konsultationen und Zusammenarbeit in Jugend- und Bildungsfragen vereinbart.

Von der EWG zur EG

Innerhalb der EWG konnten die Interessensunterschiede nur mühsam überwunden werden. Vor allem de Gaulle bremste die Entwicklung. Er war gegen einen Beitritt Großbritanniens und den Verlust nationaler Souveränitätsrechte zugunsten der Gemeinschaft. Er befürwortete statt schneller Integration ein „Europa der Vaterländer". Der Luxemburger Kompromiss (1966) sah Einstimmigkeit der Beschlüsse vor. Aufnahme in die Gemeinschaft fand nur, wer vor dem Beitritt die von der EWG gesetzten Bedingungen und bereits geschlossene Verträge akzeptierte.

Erst nach de Gaulles Rücktritt wuchs die Gemeinschaft, seit 1967 mit dem Zusammenschluss von EWG, EGKS und EURATOM zur **EG** (Europäische Gemeinschaften) umbenannt, auf neun (Dänemark, Irland, Großbritannien, 1973) dann 12 Mitglieder (Griechenland, 1981; Spanien und Portugal, 1986). Die Ausdehnung stärkte zwar die EG, verschärfte aber die Verteilungskämpfe v. a. um die Agrarmittel. Die Überproduktion („Milchseen", „Butterberge") band einen großen Teil der EG-Ausgaben.

Besonders umstritten waren die Fragen der Entwicklung der Gemeinschaft zum „Staatenbund" oder Bundesstaat" und des Binnenmarktes. Ausufernde Bürokratie, und fehlende Fortschritte im Integrationsprogramm führten zum Begriff „Eurosklerose". 1979 erfolgte die erste Direktwahl zum **Europäischen Parlament** und im Europäischen Währungsverbund galt die Verrechnungseinheit ECU. Mit der Einheitlichen Europäischen Akte (EEA) fiel der Beschluss über die Verwirklichung eines „einheitlichen Binnenmarkts" bis 1992, um das europäische Bewusstsein gegen nationalstaatliche Interessen zu stärken.

Österreich, Schweden und Finnland traten 1995 der Gemeinschaft bei. Die Aufnahme weiterer Staaten wurde von institutioneller Stabilität, demokratischer und rechtsstaatlicher Ordnung, wettbewerbsfähiger Marktwirtschaft und der Übernahme der EU-Verpflichtungen (Acquis Communautaire), abhängig gemacht (Kopenhagener Kriterien, 1993).

Juli 1967	*1973*	*1981/86*	*Juli 1987*
EG	*Nordwest-erweiterung*	*Süderweiterung*	*Einheitliche Europäische Akte (EEA) in Kraft*

Die Europäische Union und ihre Mitgliedsländer

Gründungsmitglieder: Belgien, Niederlande, Luxemburg, Italien, Frankreich, Deutschland

späterer Beitritt: GB, Irland, Dänemark, Schweden, Finnland, Österreich, Griechenland, Portugal, Spanien

Beitritt 2004: Estland, Lettland, Litauen, Polen, Tschechien, Slowakei, Ungarn, Slowenien, Malta, Zypern

Beitritt 2007: Rumänien, Bulgarien

Beitritt 2013: Kroatien

Karte

Die Europäische Union und ihre Mitgliedsländer

3.2 Die Europäische Union

Der politische Umbruch in Osteuropa eröffnete die Möglichkeit eine umfassenderen Einigung Europas unter Einschluss der Reformländer so wie einer qualitativen Weiterentwicklung der Gemeinschaft. Im **Vertrag von Maastricht** (1991) einigten sich ihre Mitglieder auf die Abtretung nationaler Souveränitätsrechte an die EU durch die Einführung der gemeinsamen europäischen Währung (Euro), einer Gemeinsamen Außen und Sicherheits- sowie Verteidigungspolitik (**GASP** und **ESVP**), die Kompetenzerweiterung des Europäischen Parlaments und der Gemeinschaft sowie auf eine **Unionsbürgerschaft**.

Der Vertrag über die **Europäische Union** (**EU**) trat 1993 in Kraft. Verwirklicht wurden seitdem der freie Verkehr von Waren, Dienstleistungen und Kapital sowie die freie Wahl von Wohnort, Arbeitsplatz und Ausbildungseinrichtung.

Wirtschafts- und Währungsunion

Konvergenzkriterien, die einige Länder nur mit strikten Sparprogrammen umsetzen konnten, sollten die Stabilität der neuen Währung garantieren: Sie begrenzten die jährliche Neuverschuldung auf 3 % bzw. die Gesamtverschuldung auf 60 % des Bruttoinlandsprodukts und die Inflationsrate auf 1,5 % über dem Durchschnitt der drei Länder mit der niedrigsten Inflationsrate. Die vereinbarten hohen Geldbußen bei Verstößen gegen die Konvergenzkriterien sind trotz der unzulässigen Verschuldung Frankreichs und Deutschlands 2003 nicht verhängt worden.

Für die Sicherung der Währungsstabilität und die Umsetzung der einheitlichen Währungspolitik wurde die **EZB** (Europäische Zentralbank) geschaffen. Der **Euro** ist seit 1999 im bargeldlosen Zahlungsverkehr eingeführt und hat am 1. 1. 2002 die nationalen Währungen ersetzt. Der Eurozone gehören inzwischen 19 Länder an, Dänemark, Schweden und Großbritannien aber nicht.

Mit der drohenden Zahlungsunfähigkeit einiger EU-Mitglieder wurde die weltweite Finanzkrise auch zu einer **Eurokrise**. Der **ESM** (Europäischer Stabilitätsmechanismus, 2012) soll betroffene Länder unterstützen. Im Gegenzug verlangt die **EU-Troika** – EZB, Internationaler Währungsfonds (IWF) und EU-Kommission – strukturelle Reformen. Während die Maßnahmen in Portugal und Irland greifen, hält die Krise vor allem in Griechenland, aber auch in Italien und Frankreich an.

1. 1. 1993 – *Europäische Union*

1. 11. 1993 – *Vertrag von Maastricht in Kraft*

März 1995 – *Schengener Abkommen in Kraft*

Mit der Schaffung des **Europäischen Wirtschaftsraums** (EWR, 1993) aus EG und EFTA wurde die Voraussetzung für die Erweiterung der EU geschaffen. Heute tritt Europa als stärkste Wirtschaftsmacht neben den USA und China auf und plant ein umstrittenes Freihandelsabkommen mit den USA (TTIP). Hohe Zuschüsse für Agrarprodukte und Subventionen für den Agrarexport führen dazu, dass die EU-Bauern weit über dem Weltmarkt-Preisniveau produzieren. Der Abbau des EU-Protektionismus ist aber weiterhin umstritten. Im Rahmen des **Lomé-Abkommens** mit den AKP-Staaten (Entwicklungsländern in Afrika, der Karibik und dem Pazifik) – 2000 durch das **Cotonou-Abkommen** ersetzt – gewährt die EU Markterleichterungen und Finanzhilfen.

Außen- und Sicherheitspolitische Zusammenarbeit

Die GASP ging aus der 1970 vereinbarten Europäischen Politischen Zusammenarbeit **(EPZ)** hervor. Seit der Definition der gemeinsamen Außengrenze der EU durch das **Schengener Abkommen** (1994) entfallen Personenkontrollen innerhalb der EU. Außenpolitisch setzt die EU auf Konfliktprävention. Diese umfasst seit den Verträgen von **Maastricht** und **Amsterdam** (1997) neben politischen und wirtschaftlichen Maßnahmen auch militärische Einsätze (Petersberger Aufgaben).

Die GASP bewährte sich in den **Krisenregionen des Balkans**. Der ersten **Militäraktion** der EU in Mazedonien 2003 folgten Operationen in Afrika, im Libanon und vor dem Horn von Afrika.

Reform der EU – Verfassung für Europa?

Seit der **EU-Osterweiterung** (Polen, Tschechien, Slowakei, Ungarn, Slowenien, Estland, Lettland, Litauen sowie Malta und Zypern, 2004) und dem Beitritt Rumäniens und Bulgariens (2007) sowie Kroatiens (2013) ist die EU der 15 zur EU der 28 geworden. Ein 2001 erarbeiteter Verfassungsentwurf mit institutioneller Verankerung der GASP/ESVP, Reform der Kommission, erweiterten Mitbestimmungsrechten des Europäischen Parlaments und Mehrheitsprinzip bei den Entscheidungen der Union scheiterte zunächst in Volkabstimmungen. Erst mit dem Reformvertrag von Lissabon konnten viele der Neuerungen am 1.12.2009 in Kraft treten. Bei den Europawahlen 2014 traten die Parteien erstmals mit Spitzenkandidaten für das Amt des Kommissionspräsidenten an.

1.1.2002	2003	2004/07	Dez. 2009
Euro-Einführung	Mazedonien-Einsatz	EU-Osterweiterung	Inkrafttreten des Vertrags von Lissabon

4 Brennpunkte und Entwicklungen der Gegenwart in historischer Perspektive

4.1 Das Ende des Kolonialismus

Der Zweite Weltkrieg und die neue Mächtekonstellation nach 1945 beschleunigten die Entkolonialisierung. Teils hatten die Kolonialmächte die Unterstützung ihrer Kolonien im Krieg mit der Zusage baldiger Unabhängigkeit erkauft, teils beendete die japanische Besetzung die europäische Kolonialherrschaft. Das in der **UN-Charta** (1945) niedergelegte **Selbstbestimmungsrecht der Völker** konnte den Kolonien nach 1945 nicht vorenthalten werden. Freiheitsbewegungen auf allen Kontinenten wurden durch die UdSSR aus ideologischen und machtpolitischen Motiven unterstützt.

Die neuen Staaten Asiens erlangten bald nach 1945 ihre staatliche Souveränität. In Afrika war der Prozess der Entkolonialisierung bis Mitte der 60er-Jahre weitgehend abgeschlossen.

Die Entkolonialisierung verlief selten friedlich und erforderte zum Teil langjährige Freiheitskriege. Nach dem Abzug der europäischen Mächte verursachten Territorialstreitigkeiten, ethnische Konflikte und der Kampf um politischen und wirtschaftlichen Einfluss Unruhen und Bürgerkriege. Viele der neuen Staaten lehnten sich ideologisch und politisch an den Sozialismus an und forderten zugleich Wiedergutmachung von den ehemaligen Mutterländern. Auf der Konferenz von Bandung (1955) erklärten sie sich zur Bewegung der Blockfreien. Wortführer dieser „Dritten Welt“ waren unter anderem Indien und Ägypten.

Die Armut dieser Länder hat zum **Nord-Süd-Konflikt** geführt. Zur Überwindung ihrer Rückständigkeit fordern die **Entwicklungsländer** Finanz- und Wirtschaftshilfen bei Entwicklungsmaßnahmen und vor allem ungehinderten Zugang für ihre Produkte zu den Märkten der Industrieländer.

Britische Kolonien

In **Indien** propagierte Mahatma **Gandhi** den gewaltlosen Widerstand gegen die Kolonialmacht Großbritannien und ein Ende des Kastenwesens. Die indischen Fürsten, die um ihre Privilegien und Reichtümer fürchteten, erschwerten in den 30er-Jahren eine gesamtindische Strate-

Juni 1945	August 1947	Juli 1954	April 1955
UN-Charta	*Unabhängigkeit Indiens und Pakistans*	*Teilung Vietnams*	*Konferenz von Bandung*

;ie und verhinderten eine einvernehmliche Lösung mit Großbritannien. ;lutige Auseinandersetzungen, die ab 1946 zwischen den beiden großen ;evölkerungsgruppen der Moslems und Hindus ausbrachen, führten :ur Teilung des Subkontinents. Das mehrheitlich hinduistische **Indien** ınd das mehrheitlich moslemische **Pakistan** wurden 1947 unabhängig. **;irma** wurde 1948 von den Briten in die Unabhängigkeit entlassen.

)ie Kolonien in **Afrika** erhielten ihre Unabhängigkeit meist auf friedliche Veise. Nur in Kenia kämpften britische Siedler – letztlich erfolglos – ;egen die einheimische Freiheitsbewegung („Mau-Mau"). In **Ägypten**, vährend des Zweiten Weltkriegs britisches Protektorat, gelang es Präsilent **Nasser** Briten und Franzosen aus der Region zu vertreiben, den ;uezkanal zu verstaatlichen (**Suez-Krise**, 1956) und zur Führungsfigur ı der arabischen Welt zu werden.

'ranzösische Kolonien

ı **Vietnam** konnte Frankreich seine Kolonialherrschaft nur im Süden les Landes wiederherstellen. Nord-Vietnam hatte sich 1945 für unabıängig erklärt, Süd-Vietnam erst 1954 nach der militärischen Niederlage ler Franzosen.

Auch in **Nordafrika** widersetzte sich Frankreich den Unabhängig:eitsbestrebungen, die in Tunesien und Marokko nach blutigen Unruhen 956 erreicht wurde. **Algerien** hingegen sollte in den französischen ;taatsverband integriert werden. Erst nach dem achtjährigen Algerien:rieg wurde das Land 1962 unabhängig. Um weitere kriegerische Konlikte zu vermeiden, folgte Frankreich südlich der Sahara dem britischen Modell der friedlichen Trennung.

)ie anderen Kolonialmächte

)ie portugiesischen Kolonien Angola, Mocambique und Guinea er:ämpften ihre Unabhängigkeit bis 1975. Das niederländische Indonesien vurde nach Intervention der UNO souverän (1949). Die Philippinen erıielten 1946 von den USA ihre Unabhängigkeit. In der belgischen Koloıie Kongo machte sich die rohstoffreiche Provinz Katanga 1960 selbst;tändig. Aus den Machtkämpfen nach der Ermordung des Minister›räsidenten Lumumba ging Armeeführer Mobutu als Sieger hervor. JN-Truppen beendeten 1963 die Teilung Katangas.

Oktober 1956	1960–1965	Juli 1962
Suez-Krise	*Afrikanische Länder werden unabhängig*	*Algerien unabhängig*

4.2 Die Entstehung neuer Machtzentren in Asien

Die Volksrepublik China

Im chinesischen Bürgerkrieg (1945–1949) setzte sich trotz amerikani-scher Hilfe für die Kuomintang-Partei die kommunistische Partei (KPCh) durch. Unter ihrem Führer **Mao Tse-Tung** wurde die **Volksrepublik China** (1.10.1949) kommunistisch ausgestaltet. Nach sowjetischem Vorbild wurde Privateigentum schrittweise beseitigt und in der Wirtschaftsentwicklung der Schwerindustrie Vorrang eingeräumt. Mit der Politik der Massenmobilisierung im **„Großen Sprung nach vorn"** (1958) und der vollständigen Zwangskollektivierung („Volkskommunen") brach China mit dem Moskauer Weg. Der Misserfolg dieses Experiments führte zu einem innerparteilichen Machtkampf, in dem sich zunächst die pragmatischen Kräfte durchsetzten. Mao propagierte daraufhin 1965 die **„Große Proletarische Kulturrevolution"**, mit der alle Reste der chinesischen Kultur beseitigt und seine Widersacher entmachtet werden sollten. Die Armee beendete 1967 das Chaos, dem Millionen Menschen zum Opfer gefallen waren. Die jugendlichen Revolutionäre wurden zur „Umerziehung" aufs Land deportiert. Erst nach Maos Tod (1976) konnten notwendige **Reformen** und die Bildung von Sonderwirtschaftszonen zur Überwindung der Rückständigkeit in der chinesischen Wirtschaft beschlossen werden. Politische Reformen, wie z.B. die Einführung eines Mehrparteiensystems und des Parlamentarismus, lehnte die Führung der KPCh ab. Panzer walzten Demonstranten in Peking nieder (**Massaker auf dem Tian-Anmen**, 1989). Hongkong ist seit 1997 wieder ein Teil der Volksrepublik China.

Heute ist China das **bevölkerungsreichste Land der Erde** (1,4 Milliarden Menschen), nach der UdSSR und den USA die dritte Raumfahrtnation (2003) und neben den USA die größte Volkswirtschaft. Die Übernahme marktwirtschaftlicher Prinzipien führte zu einem rasanten wirtschaftlichen Aufholprozess mit hohen Zuwachsraten, aber auch hoher Arbeitslosigkeit, Korruption und Bereicherung von Funktionärscliquen. Vor allem in den großen Städten findet ein Modernisierungsprozess statt, der viele Industrienationen des Westens hinter sich gelassen hat. Kehrseite dieser Entwicklung ist die Abwanderung vieler Menschen aus den rückständigen Regionen Zentralchinas und eine rasant steigende Umweltverschmutzung.

Oktober 1949	1950/51	1965–1967	März 1971
Gründung der VR China	*Annexion Tibets*	*„Kulturrevolution"*	*Sezession Ost-Pakistan (Bangladesch)*

ndochina

)as militärische Engagement der USA in Vietnam weitete sich zum **/ietnamkrieg** aus, mit dem die USA ein weiteres Vordringen des <ommunismus in die Nachbarstaaten verhindern wollten („Domino-:heorie"). Trotz großer materieller Überlegenheit und Bombenangriffe ıuf Nord-Vietnam, die erst 1968 aufgrund weltweiter Proteste einge-;tellt wurden, mussten die USA ihre Truppen 1973 abziehen. Der Viet-ıamkrieg endete mit dem Sieg Nord-Vietnams und der kommunis-ischen Vietcong (1975) sowie mit der kommunistischen Machtüber-ıahme in **Laos** und **Kambodscha**. Seitdem ist Vietnam regionale Füh-ungsmacht. Es beendete 1979 die Terror-Herrschaft der Roten Khmer n Kambodscha („Steinzeit-Kommunismus").

apan

Nach der Niederlage im Zweiten Weltkrieg stieg Japan innerhalb kurzer Zeit wieder zu einer der **führenden Wirtschaftsmächte** auf. Die enge Verbindung zwischen Wirtschaft und Staat, die spezifische Arbeitsmen-:alität, seine hohe Rohstoffabhängigkeit und Exportkraft ließen das Land zu einem Motor der gesamten wirtschaftlichen Entwicklung in Ostasien werden, ohne dass es daraus entsprechende machtpolitische Ansprüche ıbgeleitet hätte.

Diesem „kapitalistischen" Vorbild folgten andere asiatische Staaten. Erfolgreich sind dabei die **„Kleinen Tiger"** Taiwan, Singapur und Süd-<orea gewesen.

ndien/Pakistan

ndien entwickelte sich seit seiner Unabhängigkeit zur größten Demo-<ratie der Erde und wurde Atommacht. Das hohe **Bevölkerungs-wachstum** ist ein Hauptgrund, warum Rückständigkeit und Armut der Mehrheit der Inder bisher nicht überwunden werden konnten. Soziale ınd wirtschaftliche Probleme entladen sich immer wieder in gewalttäti-gen Auseinandersetzungen zwischen Hindus und Moslems. Während ndien lange Zeit aufgrund der Grenzstreitigkeiten mit China (1962) mit der UdSSR verbunden war, pflegte **Pakistan** eine enge Partnerschaft zu den USA. 1971 zerbrach die Einheit des Landes, aus Ost-Pakistan wurde **Bangladesch**. Der Grenzkonflikt um **Kaschmir** hat zu einem latenten Kriegszustand mit Indien geführt. Auf den Philippinen und in Indonesien behindern nach der Beseitigung autokratischer Machtstrukturen innen-politische, ethnische und religiöse Konflikte die wirtschaftliche Ent-wicklung.

April 1975	1975–1979	Juni 1989
Ende des Vietnamkriegs	*„Steinzeit-Kommunismus" in Kambodscha*	*Massaker auf dem Tian-Anmen*

4.3 Die islamische Welt und der Nahost-Konflikt

Der Islam und der islamische Fundamentalismus

Der Islam breitete sich nach dem Tod des Propheten und Religionsstifters Mohammed (632) schnell über den Nahen Osten, Nordafrika und Südosteuropa aus. Das Osmanische Reich führte die territoriale Expansion weiter. Im Kolonialzeitalter erfolgte ein Rückzug auf die Glaubenssätze des Islam, um ein kulturelles Gegenwicht zu den modernen westlichen und christlich geprägten Nationen mit ihrem Fortschrittsglauben zu schaffen. Mit dem islamischen Fundamentalismus seit dem 20. Jahrhundert verstärkte sich die Politisierung der Religion.

Heute ist der Islam im Wesentlichen in zwei Glaubensrichtungen gespalten: **Sunniten** (ca. 750 Millionen Anhänger) und **Schiiten** (ca. 130 Millionen Anhänger). Die Grundlagen des monotheistischen Glaubens bestehen im göttlichen Gebot des Koran und der Sunna des Propheten. Zentren der Verehrung sind die Städte Mohammeds, Mekka und Medina. Die spezifisch islamische Rechtsprechung erfolgt nach der **Scharia**, der Gesamtheit der auf die Handlungen des Menschen bezogenen Vorschriften Allahs. Gläubige Muslime akzeptieren dabei, dass der Islam sich im Lauf seiner Entwicklungsgeschichte verändert und an unterschiedliche Bedingungen flexibel angepasst hat. Dagegen beharren die Fundamentalisten auf die in Koran und Sunna niedergelegten Worte. Sie interpretieren den von Mohammed propagierten Dschihad als Kampf gegen alle „Ungläubigen". Ziel der islamischen Fundamentalisten ist ein **„Gottesstaat"** nach den Gesetzen der Scharia, mit sozialer Gerechtigkeit und Gleichheit, ohne Laster und Korruption. Der von islamischen Gelehrten, den Mullahs, regierte **Iran** beansprucht, ein solcher Staat zu sein. Der **Fundamentalismus** kann als Reaktion auf die Krisenerscheinungen der modernen Welt, den Verfall der Sitten, Armut und fehlende Entwicklungsperspektiven in vielen arabischen Ländern verstanden werden und erklärt Demokratiedefizite arabischer Staaten wie mangelnde Frauenrechte und Meinungsfreiheit.

Terroristische Gruppierungen sind der Islamische Staat (IS) im Irak und Syrien sowie Boko Haram in Nigeria, die ihre Gegner massakrieren, auch wenn diese selbst Muslime sind.

Erst 2011 ist es der Bevölkerung in **Tunesien, Ägypten und Libyen** gelungen, langjährig regierende Despoten zu vertreiben. In **Syrien** hält der Bürgerkrieg seit mehreren Jahren an. Mehr als die Hälfte der insge-

Mai 1948	*Juni 1967*	*Oktober 1973*	*März 1979*
Gründung Israels	*„Sechs-Tage-Krieg"*	*„Jom-Kippur-Krieg"*	*Abkommen von Camp David*

amt etwa 20 Millionen Syrer ist deshalb auf der Flucht. In Ägypten hat ine Militärdiktatur die neue fundamentalistische Regierung abgelöst.

Strategische Lage und Rohölvorkommen des Nahen Ostens sind be- onders für die USA bedeutsam. Im 1. Golfkrieg (1980–1990) unter- tützten die USA den Irak gegen den Iran, nach der Annexion Kuwaits lurch den irakischen Machthaber **Saddam Hussein** 1990 bekämpften ie ihn aber im **2. Golfkrieg** 1991 mit einem entsprechenden UNO- Aandat. Im **3. Golfkrieg** eroberten sie 2003 **ohne UNO-Mandat** das and. Dieser Krieg wie auch die Besetzung **Afghanistans** zur Beseiti- ung des fundamentalistischen Regimes der **Taliban** 2001/02 haben or allem in der arabischen Welt die Bereitschaft zum Dschihad gegen len Westen verstärkt. Afghanistan konnte trotz langjähriger militäri- cher Intervention des Westens immer noch nicht stabilisiert werden.

)er Nahost-Konflikt

eit der Staatsgründung (1948) kämpft Israel um seine Existenz gegen lie arabischen Nachbarn. Die Teilung des ehemaligen britischen Man- latsgebiets hatte das Siedlungsgebiet der jüdischen Bevölkerung zer- tückelt und keine klare Trennlinie zum Gebiet der ansässigen Palästi- enserbevölkerung gezogen. In mehreren Kriegen (Unabhängigkeits- rieg 1948, „Sechs-Tage-Krieg“ 1967, „Jom-Kippur-Krieg“ 1973) eroberte srael palästinensische Territorien (v. a. das Westjordanland und den Ost- eil Jerusalems) sowie syrische (Golan-Höhen) und ägyptische Gebiete Sinai-Halbinsel). Als Reaktion auf die westliche Hilfe für Israel verhäng- en die arabischen Erdölstaaten 1973 einen Erdölboykott und erhöhten lie Weltmarktpreise **(Ölschock)**. Israel und Ägypten fanden einen Aus- leich im Abkommen von **Camp David** (1979). Auch in der Annähe- ung an die anderen Nachbarstaaten gab Israel „Land für Frieden“. Dage- en bleibt die Bedrohung durch das iranische Atompotenzial bestehen.

Die **Palästinenserfrage** ist bis heute ungeklärt. Der Bau jüdischer iedlungen mitten im geplanten autonomen palästinensischen Staats- ebiet löste die **Intifada-Bewegung**, eine Revolte gegen die israelische Besatzungsmacht, aus. Mit Raketenangriffen, aber auch mit Selbstmord- Attentaten fundamentalistischer Islamisten versuchen die Palästinenser, srael zu zwingen, einem eigenständigen Staat zuzustimmen.

Gegenschläge der israelischen Militärmacht (Gaza-Kriege) haben die age verschärft. Vorbedingung für die Lösung des Palästinenserproblems bleibt daher die Aufgabe jüdischer Siedlungen im Palästinensergebiet ınd die Anerkennung eines palästinensischen Staates durch Israel.

1980–1990	*Januar/Februar 1991*	*März/April 2003*
Irakisch-iranischer Krieg	2. Golfkrieg gegen den Irak	3. Golfkrieg

4.4 Der Balkan als Konfliktherd

Der Balkan ist seit dem 19. Jahrhundert ein politischer Krisenherd. Russ land nutzte als Schutzmacht des Panslawismus die sprachliche Gemein samkeit und das Streben nach kulturellem und politischem Zusammen schluss der Nichtmuslime zur Ausdehnung auf Kosten des schwache Osmanischen Reichs. Dabei stieß es auf den Widerstand Großbritan niens, das eine russische Präsenz im Mittelmeer verhindern wollte. Di russische Unterstützung serbischer Ansprüche auf regionale Vormach führte zu einem Dauerkonflikt mit Österreich-Ungarn, das Bosnien un Herzegowina beanspruchte. Mit dem Attentat auf den österreichische Thronfolger Franz Ferdinand in Sarajewo (28. 6. 1914) weitete sich de regionale Balkankonflikt zu einem europäischen und ab 1917 zum Ersten Weltkrieg aus.

In der Zwischenkriegszeit blieb der Balkan aufgrund politischer, sozi aler und wirtschaftlicher Probleme die Schwachstelle der Versailler Frie densordnung. Jugoslawien, der Zusammenschluss ehemaliger Kleinstaa ten, wurde nach der Besetzung durch die deutsche Wehrmacht 1941 aufgelöst und nach Ende des Zweiten Weltkriegs neu gebildet. Wi auch in anderen, von der Roten Armee befreiten Staaten Südosteuropa war erneut Russland bzw. die UdSSR Hegemonialmacht. Nur Jugoslawie verfolgte unter **Tito** ab 1948 einen eigenständigen sozialistischen Kurs.

Der Tod Titos und der Zerfall der Sowjetunion verschärften die Span nungen zwischen den Volksgruppen Jugoslawiens. Im **Nationalitäten konflikt** brach der Staat auseinander. Slowenien wurde 1991 unabhän gig. Kroatien (1992), Bosnien und Herzegowina gelang dies erst nac blutigen Bürgerkriegen, die auf die Nachbarregionen Makedonien un Kosovo übergriffen. Die zwischen den Nationalitäten sowie zwische Christen und Muslimen, auch gegenüber der Zivilbevölkerung grausam geführten Kämpfe konnten nur durch das bewaffnete Eingreifen de NATO und die Stationierung von Truppen beendet werden. In Make donien erfolgte 2003 der erste Militäreinsatz der Europäischen Union.

Der Zerfall der staatlichen Ordnung begünstigte die Vermischung von Politik und Kriminalität. Daher ist es bisher nur selten gelungen, di Verantwortlichen (z. B. den serbischen Politiker Milosevic) vor dem eu ropäischen Gerichtshof den Prozess zu machen. Da vor allem ethnisch Probleme immer noch ungelöst sind, bleibt der Balkan ein Krisenher europäischer und internationaler Politik.

1991	ab 1991	1999	2003
Zerfall Jugoslawiens	*Gründung neuer Balkanstaaten*	*Einsatz der Bundeswehr im Kosovokrieg*	*EU-Militäreinsatz*

4.5 Die Welt zu Beginn des 21. Jahrhunderts

Seit 1990 haben sich weltpolitische Konflikträume und -bereiche verändert. Die Globalisierung hat zu einer Mobilitätssteigerung von Informationen, Menschen und Gütern geführt, die positive und negative Entwicklungen global spürbar macht.

Damit sind die weltweiten Aufgaben des Klimaschutzes, der Katastrophen- und Hungerbekämpfung in den Vordergrund gerückt. Vor allem Afrika konnte die Folgen von Kolonialismus und Imperialismus, Rückständigkeit und Unterentwicklung bisher nicht ausgleichen. Der **Nord-Süd-Konflikt** wird ein beherrschendes Thema der Zukunft bleiben.

China, Indien und **Brasilien** haben sich zu politisch herausragenden Akteuren und wirtschaftlichen Großmächten entwickelt.

Die **USA** sind aus dem Ost-West-Konflikt als Sieger hervorgegangen. Ihre Rolle als Weltführungsmacht übten sie in vielen Fällen als Weltpolizist aus, notfalls auch ohne die Vereinten Nationen oder Verbündete in ihren Entscheidungsprozess einzubeziehen oder zu konsultieren. Dem Internationalen Gerichtshof sind sie bisher nicht beigetreten. Besonders kritisiert werden die Abhöraktionen auch befreundeter Staaten durch den Geheimdienst. Im Kampf gegen den internationalen Terrorismus nach den Terroranschlägen auf Washington und das World Trade Center in New York (11. 9. 2001) fanden sie breite Zustimmung, als sie das fundamentalistische Regime der Taliban in Afghanistan militärisch beseitigten. Dagegen war der Krieg gegen den Irak auch unter den westlichen Staaten überaus umstritten.

Russland, der größte und wichtigste Teilstaat der GUS, ist zu Beginn der Irak-Krise 2003 eine Allianz der Kriegsgegner mit Deutschland und Frankreich eingegangen. Mit der Annexion der Krim (2014) und der Destabilisierung der Ost-Ukraine untermauert es seinen Machtanspruch in Osteuropa gegen die Ausdehnung von EU und NATO und gefährdet damit die friedliche Kooperation mit dem Westen.

Die **Europäische Union** hat sich zur gemeinsamen Klammer aller europäischen Staaten entwickelt. Für ihren Beitrag zur Friedenssicherung in Europa seit 1945 erhielt sie 2012 den Friedensnobelpreis. In der Schuldenkrise muss ein Zerfall der Eurozone verhindert werden, um die europäische Integration erfolgreich fortzusetzen. Zudem muss die sich seit Sommer 2015 verschärfende Flüchtlingskrise gelöst werden. Neben einer gerechten Verteilung der Flüchtlinge auf alle EU-Länder steht v. a. die Sicherung der EU-Außengrenzen im Mittelpunkt der Diskussion.

11.9.2001	Oktober 2001	2007
Terroranschläge auf New York, Washington	*Beginn des Afghanistankriegs*	*US-Finanzkrise*

Die Bundesrepublik Deutschland

In der Bundesrepublik Deutschland vollzog sich mit der Abwahl de CDU/ CSU/FDP-Koalition (1998) mehr als nur ein Regierungswechse zur SPD und den Grünen. Bundeskanzler Schröder und Außenministe Fischer begannen den **„Reformstau"** jahrelanger Stagnation aufzulösen Der damit verbundene Wandel in allen Bereichen von Staat und Gesell schaft, mit dem die **Dauerarbeitslosigkeit** bekämpft und die Bundes republik wieder handlungs- und zukunftsfähig gemacht werden sollte zog tiefe Einschnitte in das soziale Sicherungssystem nach sich. Vo wesentlicher Bedeutung ist dabei, den demografischen Wandel durch eine Erhöhung des erwerbsfähigen Teils und eine gezielte Bildungs offensive zu bewältigen.

Nach vorgezogenen Neuwahlen übernahm **Angela Merkel** 2005 al **erste Frau** das Amt des **Bundeskanzlers**. Unter ihrer Führung setzte die **„Große Koalition"** aus CDU, CSU und SPD die Reformpolitik fort **2009** erzielte die SPD ihr schlechtestes Wahlergebnis seit 1953; Angela Merkel führte eine „schwarz-gelbe" Regierung aus CDU/ CSU und FDP Aus der Bundestagswahl **2013** ging die CDU gestärkt hervor; unte Kanzlerin Merkel regiert erneut eine „Große Koalition". Die **FDP** is erstmals seit 1949 nicht mehr im Parlament vertreten.

Trotz aller finanziellen Anstrengungen ist es bisher nicht vollständig gelungen, die neuen Bundesländer an das Wirtschaftsniveau der alten Bundesrepublik heranzuführen. Die „Verlierer" der Einigung Deutsch lands und die Gegner des Sozialabbaus haben aus der SED-Nachfolge partei PDS und der WASG mit der Partei **Die Linke** eine in ganz Deutschland politisch bedeutsame Partei geformt.

In der **Außenpolitik** hat die Bundesrepublik inzwischen ihre Verant wortung als bevölkerungsreichstes und wirtschaftlich stärkstes Mitglied der Europäischen Union wahrgenommen. Vor allem bei der wirtschaft lichen Gesundung Europas werden von ihr wichtige Impulse erwartet Bundeswehr-Soldaten sind inzwischen weltweit (Balkan, Afghanistan Libanon, Kongo) als Teil internationaler Friedenstruppen bzw. einer sich langsam herausbildenden gemeinsamen Europa-Armee eingesetzt.

Auch in der **Ukraine-Krise** und im Verhältnis zu Russland wird von Deutschland zusammen mit Frankreich eine Mittlerrolle erwartet. Nach Beilegung der Differenzen zwischen Berlin und Washington bleibt die Festigung der **transatlantischen Partnerschaft** ein elementarer Be standteil der deutschen Politik.

September 1998
rot-grüner Regierungswechsel

September 2005
Große Koalition – Angela Merkel Bundeskanzlerin

September 2009
schwarz-gelbe Regierung unter Angela Merkel

Stichwortverzeichnis

Erfolgreich durchs Abitur mit den STARK Reihen

Abiturprüfung

Anhand von Original-Aufgaben die Prüfungssituation trainieren. Schülergerechte Lösungen helfen bei der Leistungskontrolle.

Abitur-Training

Prüfungsrelevantes Wissen schülergerecht präsentiert. Übungsaufgaben mit Lösungen sichern den Lernerfolg.

Klausuren

Durch gezieltes Klausurentraining die Grundlagen schaffen für eine gute Abinote.

Kompakt-Wissen

Kompakte Darstellung des prüfungsrelevanten Wissens zum schnellen Nachschlagen und Wiederholen.

Interpretationen

Perfekte Hilfe beim Verständnis literarischer Werke.

Und vieles mehr auf www.stark-verlag.de

Abi in der Tasche – und dann?

In den **STARK** Ratgebern findest du alle Informationen für einen erfolgreichen Start in die berufliche Zukunft.

Alle Titel zu Beruf & Karriere www.berufund karriere.de

Bestellungen bitte direkt an

STARK Verlagsgesellschaft mbH & Co. KG
Postfach 1852 · 85318 Freising
Tel. 0180 3 179000* · Fax 0180 3 179001*
www.stark-verlag.de · info@stark-verlag.de

*9 Cent pro Min. aus dem deutschen Festnetz, Mobilfunk bis 42 Cent pro Min. Aus dem Mobilfunknetz wählen Sie die Festnetznummer: **08167 9573-0**

Lernen • Wissen • Zukunft
STARK

25-V_TRAbi